Elmar Altvater
Engels neu entdecken

AF208875

Elmar Altvater (1938-2018) war Professor für Politische Wissenschaften an der Freien Universität Berlin. Er ist u.a. Autor von: »Marx neu entdecken. Das hellblaue Bändchen zur Einführung in die Kritik der Politischen Ökonomie« (VSA: Verlag Hamburg, 2. Aufl. 2015) sowie Mitautor in dem 2020 bei VSA: erschienen Band: »›Die Natur ist die Probe auf die Dialektik‹. Friedrich Engels kennenlernen. Mit Beiträgen von Elmar Altvater, Joachim Bischoff, Michael Brie, Georg Fülberth, Eike Kopf, Thomas Kuczynski, Marcel van der Linden.

Elmar Altvater

Engels neu entdecken

Das hellblaue Bändchen
zur Einführung in die »Dialektik der Natur«
und die Kritik von Akkumulation
und Wachstum

VSA: Verlag Hamburg

www.vsa-verlag.de

© VSA: Verlag 2015, St. Georgs Kirchhof 6, 20099 Hamburg
Unveränderter Nachdruck 2020
Alle Rechte vorbehalten
Druck- und Buchbindearbeiten: Beltz Bad Langensalza GmbH
ISBN 978-3-89965-643-5

Inhalt

Vorwort

Im Jahre 2012 erschien das erste »hellblaue Bändchen« des Verfassers zur Einführung in die Kritik der politischen Ökonomie: »Marx neu entdecken«. Im Jahre 2015 jährt sich zum 120. Mal der Todestag von Friedrich Engels. Das wäre ein Anlass, seiner zu gedenken. Aber wie? Die nicht selbstverständliche Frage beantwortet sich fast von selbst. Denn es ist im Jahre 2015 ein weiterer Jahrestag zu bedenken. Friedrich Engels' Schrift »Dialektik der Natur« erschien (posthum) erstmals vor 90 Jahren 1925 in der damaligen Sowjetunion in deutscher und russischer Sprache. Das ist Anlass genug, um die »Kritik der politischen Ökonomie« von Karl Marx und die »Dialektik der Natur« von Friedrich Engels darauf zu befragen, was sie zum Verständnis von Ökonomie und Ökologie heute beitragen können.

Dabei wird auch auf die Kontroversen einzugehen sein, die die »Dialektik der Natur« und andere Schriften von Friedrich Engels, wie die »Anti-Dühring« genannte polemische Auseinandersetzung mit dem in der sozialdemokratischen Arbeiterbewegung seiner Zeit einflussreichen Eugen Dühring, ausgelöst haben. Die Rezeptionsgeschichte der »Dialektik der Natur« ist schon deshalb wichtig, weil es um zentrale Fragen des dialektischen Verhältnisses von Theorie, Realität und Praxis, um die Bedeutung von Zirkulation und Produktion in der Werttheorie, um das Verhältnis gedanklicher Kategorien und der »Realkategorien« in der wirklichen Welt, um das Verhältnis von Gesellschaft und Natur in der kapitalistischen Gesellschaftsformation und ihrer Geschichte geht. Thema ist also, wie Engels von der Dialektik sagt, »die Wissenschaft von den allgemeinen Bewegungs- und Entwicklungsgesetzen der Natur, der Menschengesellschaft und des Denkens« (Marx-Engels-Werke, Band 20 [künftig: MEW 20]: 131f.).

Der nachfolgende Essay widmet sich in den ersten drei Kapiteln der Engels'schen Dialektik der Natur, ihrem Gehalt und der Rezeptionsgeschichte. Im Anschluss daran wird der Engels'schen wie Marx'schen Aussage nachgegangen, dass die Menschheitsgeschichte mit dem Industriezeitalter einen fundamentalen

Einschnitt erlebt. Was ist das Eigentümliche der industriellen Revolution und der mit ihr beginnenden kapitalistischen Industriegesellschaft? Die Geschichte der kapitalistischen Gesellschaftsformation reicht in Europa mindestens bis ins 14. Jahrhundert zurück, aber der Übergang zur »Großen Industrie« und zur Nutzung der fossilen Energieträger in der zweiten Hälfte des 18. Jahrhunderts ist ein Einschnitt, dessen Reichweite Marx und Engels zu ihrer Zeit hervorgehoben haben, dem aber erst heute in den Debatten über das Anthropozän, das Kapitalozän oder die »Menschheit 2.0« Rechnung getragen wird. Der industrielle Kreislauf von der Extraktion von Stoffen und Energie aus der Natur bis zur Emission nicht mehr verwertbarer Stoffe und Energien zurück in die Natur wird danach thematisiert. Dieser Kreislauf bestimmt Form und Substanz des »dialektischen Gesamtzusammenhangs« von Natur und Gesellschaft, den Engels in seiner Schrift mehrfach anspricht. Denn dieser Gesamtzusammenhang ist dafür verantwortlich, dass Wachstum der Wirtschaft, kapitalistische Akkumulationsdynamik, Industrialisierung, Nutzung der fossilen Brennstoffe und Kollaps des Klimas als mögliche Zukunft am Horizont erscheinen. Daher kann die Geschichte der Menschheit nicht mehr wie in vorindustriellen Zeiten vor allem als Geschichte der menschlichen Gesellschaften und Kulturen geschrieben werden, sie muss auch die Geschichte der Erdformationen und Erdsysteme einschließen.

Im Anschluss daran wird die moderne Rationalität der Weltbeherrschung (Max Weber), wie sie am klarsten (und daher am brutalsten) in der ökonomischen Theorie ausgearbeitet worden ist, diskutiert, die niemals trotz aller Mathematisierung den Anspruch, den Gesamtzusammenhang begreifen und rational gestalten zu können, wird einlösen können. Denn sie kann erstens nicht holistisch, also auf den Gesamtzusammenhang bezogen dialektisch sein, und sie kann zweitens ohne Rückgriff auf externe Ressourcen und ohne Externalisierung des Unbrauchbaren, nicht mehr Verwertbaren gar nicht funktionieren. Der partielle, nicht holistische Charakter der Rationalität der kapitalistischen Moderne findet in der Realität der Akkumulation von Kapital die Entsprechung als Externalisierung, bzw. wie Klaus Dörre formuliert, als »Landnahme«. Diese ist höchster Ausdruck kapitalistischer Rationalität und die Internalisierung wäre nicht nur zum Scheitern verurteilt, wie die hilflosen und zwecklosen Versuche zeigen, die Preise dazu zu bringen, »die Wahrheit zu sagen«. Angesichts der Funktionsmodi des kapitalistischen Marktes wäre dies sogar ein höchst irrationales Unterfangen. Die Kritik des Wachstums ergibt sich schlüssig aus dieser Argumentation ebenso wie die Kritik an Postwachstums- oder Degrowth-Konzepten, die nicht die Widersprüche der Akkumulation von Kapital und deren Gesamtzusammenhang, sondern individuelle oder auch gesellschaftliche Verhaltensmuster (vor allem Verzicht auf Konsum) ins Zentrum rücken.

Wie in aller Regel ist diese Schrift nicht nur auf dem Mist des Autors gewachsen, der aber allein verantwortlich ist. Birgit Mahnkopf hat am meisten in den häufigen Diskussionen über Wachstum und Postwachstum, über Naturbegriffe und angemessene Gesellschaftsanalyse, über Arbeit, Geld, Naturverhältnisse und Politik zur theoretischen Klärung beigetragen, so viel, dass ich nicht mehr im Einzelnen beschwören könnte, was von mir und was von ihr ist. Dieser Essay wäre ein gemeinsames Buchprojekt geworden, wenn nicht der Hochschulalltag so viel zeitraubenden Stress verursacht hätte, dass eine individuelle Schrift eines von der Bologna-Bachelorisierung und Masterisierung verschonten Ruheständlers als zweitbeste Lösung herausgekommen ist. Birgit Mahnkopf hat angesichts ihrer Belastungen nicht die Zeit gefunden, die Hochschullehrer vor den »Bologna-Reformen« noch jenseits von Lehre, Forschung und Verwaltung für Publikationen zur Verfügung hatten.

Natürlich waren viele andere Stichwort- und Ideengeber für das Zustandekommen dieser Schrift wichtig. Sie alle zu erwähnen, würde nur die eigene begrenzte Bedeutung inflationistisch aufblähen. Jede Autorin, jeder Autor wünscht sich, also wünsche auch ich, dass die hier zusammengefassten Ideen kritisch aufgegriffen werden, weil sie für die wissenschaftliche und auch für die politische Auseinandersetzung nützlich sind.

Elmar Altvater, Berlin im Januar 2015

1. Genie und Talent oder beides

Friedrich Engels war es, der »den Marxismus erfand«. Das behauptet Tristram Hunt schon im Titel seiner beeindruckenden Engels-Biografie (Hunt 2013). Er liegt mit dieser Einschätzung richtig. Denn zweifellos hat sich Engels nicht nur um die posthume Herausgabe des zweiten und dritten Bandes des Marx'schen »Kapital« große Verdienste erworben. Er war ein Leben lang der engste Freund, hat mit seinen Erfahrungen aus dem praktischen Geschäftsleben in Manchester (dem Zentrum des kapitalistischen Weltgeschehens im viktorianischen Zeitalter) die Marx'sche Kritik der politischen Ökonomie mit empirisch-historischen Illustrationen bereichert und die theoretische Entfaltung des Kapitalbegriffs mit Kommentaren und Erläuterungen unterstützt. Er war jahrzehntelang Gesprächs- und Briefpartner von Marx. Er hat auch dazu beigetragen, die Marx'sche Theorie zu popularisieren, und er war sich nicht zu fein für wortgewaltige Polemiken gegen die Kritiker der dialektischen Methode und des Marx'schen Materialismus.

Engels tat dies in aller Bescheidenheit, wie Tristram Hunt hervorhebt. Von Marx sagte Engels, er war ein Genie, »wir andern höchstens Talente« (ebd.: 14). Engels überließ »die erste Violine« Marx. Er begnügte sich mit der »zweiten Violine«, »schließlich bin ich ja großenteils doch nur derjenige, der den Ruhm von Marx einerntet«, schrieb er im November 1890 an Friedrich Adolph Sorge in New York (Marx-Engels-Werke 1956ff. [im Folgenden MEW], Band 37: 505).

Aber Genie und Talent haben auch viele Texte gemeinsam komponiert, von der »Heiligen Familie« bis zur »Deutschen Ideologie« – und bis zum berühmtesten und politisch wie wissenschaftlich wirksamsten Text, den nicht nur talentierten, sondern genialsten vielleicht, der daher die Welt veränderte, bis zum »kommunistischen Manifest« von 1848. Daher ist ein Buch wie das von Helmut Reichelt über die »Neue Marx-Lektüre« (Reichelt 2008) mehr als irritierend, weil darin Friedrich Engels noch nicht einmal mit eigenen Schriften in der Ausgabe der Marx-Engels-Werke und der Marx-Engels-Gesamtausgabe (MEGA) erwähnt wird. Kann jemand seriös über die angemessene Lektüre der Marx'schen Theorie schreiben, ohne auf Engels' Beiträge zu ihr und zu dem, was später Marxismus genannt worden ist, einzugehen? Kann es eine kritische Marx-Lektüre ohne Engels-Lektüre überhaupt geben?

Wäre Marx authentischer, wenn er sich nicht hätte in vielen Fragen von Engels beraten lassen? War es ein Fehler von Marx, zum »Anti-Dühring« von Engels einige ökonomiekritische Passagen beizusteuern? Hat er sich auf eine falsche Spur setzen lassen? Hat Engels Marx verfälscht, wie manche Marx-Interpreten ihm vorwerfen? Hätte Marx seine Theorie entwickeln können, ohne Engels Hilfe zum Lebensunterhalt (»Inl. Cheque für Pfund Sterling 40, damit Du ihn einkassieren kannst, wann Du willst, auf den Rücken gedeckt hast«, Brief von Engels vom 19.12.1882 an Marx – MEW 35: 135)? Was ein Autor schreibt, hängt auch von den Ideen seiner oder ihrer Partner und Partnerinnen ab, aber auch von so banalen und in manchen Situationen schmerzlich fehlenden Dingen wie ausreichendem und gutem Essen, wie einer Wohnung für die Familie und einem regelmäßigen Einkommen. »Erst kommt das Essen, dann die Moral« (Bertolt Brecht) – und wohl auch die Theorie. Das sind im zweiten Jahrzehnt des 21. Jahrhunderts in Mitteleuropa normalerweise keine Probleme für Wissenschaftler und deshalb auch kein Thema für sie. Es waren Probleme für Marx und Engels, die sie allerdings nur selten thematisierten.

Friedrich Engels wird der Vorwurf gemacht, er habe die Wertform historisiert und die »einfache Warenproduktion« als eigenständige historische Phase interpretiert, die Dialektik missverstanden und die Kritik an Feuerbachs Materialismus überzeichnet. Die Kritik an Engels mag zwar richtige Seiten haben, weil Engels tatsächlich den Eindruck aufkommen lässt, er verfolge eine Abbild- oder Widerspiegelungstheorie: In den Köpfen der Menschen bildeten sich die Ideen aufgrund von Empfindungen oder mithilfe komplexer Methoden der Erkenntnis der materiellen Wirklichkeit in Natur und Gesellschaft. Engels hatte aber Marx' Kritik des Fetischismus sehr wohl verstanden. In einem Brief an Conrad Schmidt vom 27.10.1890 schreibt er über die ökonomische Berichterstattung von den Börsen: »Es ist mit den ökonomischen, politischen und andern Reflexen ganz wie mit denen im menschlichen Auge, sie gehen durch eine Sammellinse und stellen sich daher verkehrt, auf dem Kopf, dar. Nur daß der Nervenapparat fehlt, der sie für die Vorstellung wieder auf die Füße stellt. Der Geldmarktsmensch sieht die Bewegung der Industrie und des Weltmarkts eben nur in der umkehrenden Widerspiegelung des Geld- und Effektenmarkts, und da wird für ihn die Wirkung zur Ursache.« (MEW 37: 488)

Er fügt hinzu, dass die Akteure auf dem Geldmarkt dieser verkehrten Wahrnehmung entsprechend handeln und daher die »Reaktion des Geldhandels auf die Produktion noch stärker und verwickelter« wird. (Ebd.: 489)

Also nichts da mit bloßer Widerspiegelung, das Handeln der einzelnen Kapitalisten wird von der Interpretation des Marktgeschehens beeinflusst und dieses dann durch die kollektiven Wirkungen einzelner Entscheidungen. Der Geldhandel, so führt Engels die Verwandlung individuell rationaler Wahrnehmung und daraus resultierender rationaler Entscheidung in kollektiven Irrationalismus aus, erobert »eine direkte Herrschaft über einen Teil der ihn, im ganzen und großen, beherrschenden Produktion... Die Geldhändler sind Eigentümer der Eisenbahnen, Bergwerke, Eisenwerke etc. Diese Produktionsmittel bekommen ein doppeltes Angesicht: Ihr Betrieb hat sich zu richten bald nach den Interessen der unmittelbaren Produktion, bald aber auch nach den Bedürfnissen der Aktionäre, soweit sie Geldhändler sind. Das schlagendste Beispiel davon: die nordamerikanischen Eisenbahnen, deren Betrieb ganz von den – der speziellen und ihren Interessen qua Verkehrsmittel total fremden – momentanen Börsenoperationen... abhängt. Und selbst hier in England haben wir jahrzehntelange Kämpfe der verschiednen Bahngesellschaften um die Grenzgebiete zwischen je zweien gesehn – Kämpfe, wo enormes Geld verpulvert wurde, nicht im Interesse der Produktion und des Verkehrs, sondern einzig geschuldet einer Rivalität, die meist nur den Zweck hatte, Börsenoperationen der die Aktien besitzenden Geldhändler zu ermöglichen.« (Ebd.: 489f.)

Engels eine Widerspiegelungstheorie zu unterstellen, ist abwegig, wenn wir diese Analyse eines dynamisch und widersprüchlich sich entwickelnden Ausschnitts der modernen Ökonomie, deren Wahrnehmung seitens verschiedener Kapitalfraktionen, deren den Kontext verändernder Praxis und der Folgen – in diesem Exempel: für das Verkehrssystem – angemessen interpretieren. Dann erscheint die Kritik an Engels als kleinteilig, weil sie den wissenschaftlichen, den sozialen und vor allem den politischen Kontext übersieht, in dem dieser seine Texte verfasst hat. Besonders wichtig dabei: die Auseinandersetzung mit idealistischen, kleinbürgerlichen, utopischen Strömungen in den sich gerade entwickelnden politischen Organisationen der Arbeiterbewegung und in der Theorie des Sozialismus.

Darüber hinaus hat die Kritik den fatalen Nebeneffekt, den eigenständigen und über Marx hinaus gehenden Beitrag von Friedrich Engels zum Verständnis und zur Kritik der kapitalistischen Gesellschaftsformation zu übersehen. Das gilt besonders für seine Suche nach einem Zugang zur Analyse des gesellschaftlichen Naturverhältnisses, zum Verständnis des Verhältnisses von Stoffwechsel (zwischen Mensch und Natur) und gesellschaftlichem Formwandel, von Wert, Geld, Verwertung und Kapitalakkumulation.

Heute würden wir sagen: Engels entwickelte ein zu seiner Zeit ungewöhnliches Interesse für das Beziehungsgeflecht zwischen Ökonomie und Ökologie im Zusammenhang der kapitalistischen Produktionsweise und in den Wissenschaften, und zwar nicht nur in den Sozialwissenschaften und in der Philosophie, sondern auch in den Naturwissenschaften.

Er hat bei der Herausgabe des zweiten und dritten Bandes des »Kapital« dem Werk seinen Stempel aufgedrückt. Das war angesichts des Zustands des Manuskripts beim Tod von Karl Marx unvermeidlich. Er hat dabei aber genügend Behutsamkeit walten lassen, um Fehldeutungen zu vermeiden (vgl. dazu Krätke 2006; gegenteiliger Auffassung, allerdings wenig überzeugend Elbe 2007).

Die Naturwissenschaften machten im 19. Jahrhundert einen großen Sprung nach vorn, und zwar breitenwirksam in allen

Disziplinen. Der Fortschritt in der Physik von der Mechanik zur Thermodynamik, in der Chemie zum Periodensystem der Elemente, in der Geologie und Astronomie in der Folge von neuen Entdeckungen und nicht zuletzt auch in der Mathematik und in der Biologie zur Darwin'schen Evolutionstheorie oder zum Verständnis der Zelle und des Stoffwechsels. Damit war ein Begriff geboren, der metaphorisch in der Beziehung zwischen Mensch und Natur Verwendung fand und findet. Auch die Entwicklungen in der Pharmazie, der Anatomie und angewandten Medizin, in der Agrikultur waren unvergleichbar mit dem, was große Geister in den Jahrhunderten zuvor hervorgebracht hatten. Nicht nur die Wissenschaften – die Natur- ebenso wie die Geistes- und Sozialwissenschaften – wurden bereichert, sondern auch das praktische Ingenieurwissen. So kam es, dass neue, leistungsfähige, die Produktivität der Arbeit enorm steigernde Maschinen – vor allem Werkzeugmaschinen, von denen, wie Karl Marx festhält, die industrielle Revolution ausgeht – aber auch Produktionsverfahren in den neuen Fabriken des Industriesystems auftauchten.

Das waren die materialen und organisatorisch-institutionellen Voraussetzungen für den Übergang zur »reellen Subsumtion der Arbeit unter das Kapital« (Marx). Der vom Kapital angeeignete Mehrwert war nicht mehr nur Überschuss, der mit tradierten Produktionsmethoden erzeugt wird, sondern Ergebnis einer grundlegend veränderten und daher produktiveren Produktionsweise als zuvor.

Engels war in Manchester mittendrin in diesem Laboratorium neuer Technologien, Organisationsformen oder Management-Praktiken. Er war ein aufmerksamer Beobachter, wie seine Geschichte der arbeitenden Klasse in England (MEW 2) und sehr viele zu seiner Zeit aktuelle Zeitungs- und Zeitschriftenartikel belegen. Er berichtet über die Folgen der Einführung des Industriesystems für die Arbeiterklasse immer engagiert und daher auch parteiisch, ohne den Abstand des Beobachters ungebührlich einzuschränken und das Blickfeld zu verengen. Er schreibt Sozialgeschichte, die Technikgeschichte haben andere verfasst (z.B. Varchmin/Radkau 1981; es ist unmöglich, dem Korpus der

Technikgeschichte hier mit bibliografischen Hinweisen gerecht zu werden).

Parteiisch zu sein, muss der Wissenschaftlichkeit keinen Abbruch tun. Engels trägt viel zum besseren Verständnis des gesellschaftlichen Naturverhältnisses bei. Er setzt sich mit den Naturwissenschaften intensiver auseinander als es heute in den Sozialwissenschaften angesichts der professionellen Spezialisierung üblich ist. Er bereichert daher mit seinen naturwissenschaftlichen Studien die Kritik der politischen Ökonomie von Marx. Das weiß Marx und holt sich deshalb immer wieder Engels' Rat ein. Engels selbst gesteht ein, dass er sich auf dem Feld der Naturwissenschaften häufig nicht sicherer bewegt als ein informierter Laie, er weiß also, dass er für den wissenschaftlichen Fortschritt nur unzureichend gerüstet ist. Das hat, ich komme später darauf zurück, Albert Einstein nach Lektüre von Passagen der »Dialektik der Natur« an Engels Schrift auszusetzen.

Auf einige Fragen, die dem informierten Laien heute sofort einfallen, wenn das gesellschaftliche Naturverhältnis thematisiert wird, geht Engels in der »Dialektik der Natur« überhaupt nicht ein, weil diese Fragen am Ende des 19. Jahrhunderts noch gar nicht auf der Agenda standen: die Energieversorgung im Allgemeinen oder der Wandel des Energiesystems im Verlauf der industriellen Revolution von der (nachhaltigen) solaren Energiequelle zu den (erschöpflichen) fossilen Energieträgern im Besonderen, die Eingriffe in die Evolution des Lebens infolge der katastrophalen Artenvernichtung, die mit der Industrialisierung von Land- und Forstwirtschaft einsetzt, oder der drohende Klimakollaps infolge der CO_2-Emissionen in die Atmosphäre. Wenn man sich heute mit der »Dialektik der Natur« auseinandersetzt, 120 Jahre nach dem Tod Friedrich Engels, wird man auf diese Themen eingehen und prüfen müssen, ob Engels' Schrift zu deren Analyse und zu den Lösungen der heutigen ökologischen Probleme – den Begriff hat zwar Ernst Häckel 1866 erstmals eingeführt, aber er war zu Engels' Zeiten nicht verbreitet – einen Beitrag leisten kann. Damit wird auch die Frage nach dem Verhältnis der Kritik der politischen Ökonomie, wie Marx sie in den drei Bänden des »Kapital« (MEW 23-25) entfaltete, und der Dialek-

16

tik der Natur aufgeworfen. Das ist die Frage nach der Analyse des von Engels so bezeichneten »dialektischen Gesamtzusammenhangs« (MEW 20: 307), der letztlich – heute wissen wir dies besser als vor mehr als 100 Jahren – das planetarische Ökosystem umfasst. Jedenfalls weisen Konzepte wie die des Anthropozän oder des Kapitalozän (vgl. Altvater 2014a; Moore 2014) oder die Erweiterung der Weltsystemanalyse in der Tradition von Fernand Braudel, Immanuel Wallerstein und Giovanni Arrighi zum Konzept des »ökologischen Weltsystems«, wie es Jason Moore (2003; 2012) ausarbeitet, in diese Richtung.

Zwar ist die Fülle des wissenschaftlichen Materials, die Anzahl der Jahresberichte oder speziellen Reports zu globalen Umwelt- und Wirtschaftsproblemen, der Umfang der wissenschaftlichen Publikationen zu den Folgen der Wirtschaftstätigkeiten für die planetarische Natur beeindruckend, ja überwältigend. Nach erster Prüfung aber kommt das schon von Sigmund Freud so genannte »Ungenüge« auf, eine Unzufriedenheit mit dem Konformismus, der sich trotz Ökokrise in der akademischen Welt breitmacht, mit dem Opportunismus, der verhindert, dass neue Gedanken frischen Wind in die Diskurse tragen, mit dem Mainstreaming, das interessante Nebenströmungen sehr schnell aufsaugt und die dann allenfalls als Unterströmungen für Wirbel sorgen. Sogar in der im zweiten Jahrzehnt des 21. Jahrhunderts aktuellen de-growth-Debatte werden die Fragen der Dialektik der Natur an den Rand des Interesses gedrängt bzw. ganz ausgeschlossen. Individuelles ökologisches Verhalten und Umweltpolitik im institutionellen Rahmen eines formal-demokratischen Kapitalismus und eines marktwirtschaftlichen Systems stehen im Vordergrund, die Widersprüche und Grenzen der Kapitalakkumulation und daher das sich immanent aufbauende oder das von außen intervenierende Transformationspotenzial befinden sich jenseits von theoretischem Horizont und politischem Interesse. Dem Erkenntnis-Zuwachs hat das nicht gedient und der Entwicklung politischer Strategien, die der Dramatik der ökologischen Krise angemessen wären, auch nicht. Engels thematisiert den Gesamtzusammenhang des Systems, und dies hat zur Folge, dass bei der Analyse von gesellschaftlichem Formwandel und von biophysischem Stoffwechsel die Systemfrage aufgeworfen werden muss. Dies umso mehr, als die Geschichte von Gesellschaft und Natur durch die industrielle Revolution nach Auffassung von Marx ebenso wie von Engels einen Bruch erfährt. Nach der industriellen Revolution ist die Geschichte der Menschheit mehr als die Geschichte der kapitalistischen Gesellschaftsformation und der Klassenkämpfe. Sie ist auch die Geschichte der Erdformationen und der Krisen der Erdsysteme, heute insbesondere des Klimasystems. Auch diese Geschichte löst Kämpfe, Klassenkämpfe aus. In denen geht es aber nicht vor allem um Löhne oder Arbeitsbedingungen, sondern um Lebensbedingungen in einem System, das diese mehr und mehr unterminiert. Marx und Engels haben immer erklärt, dass Klassenauseinandersetzungen nicht nur Verteilungskämpfe seien. Dies ist angesichts des drohenden Klimakollapses offensichtlich. Die Atmosphäre kann man nicht umverteilen, man muss die Produktionsweise und mit ihr den Stoffwechsel zwischen Mensch, Gesellschaft und Natur ändern.

2. Karl Marx' Kritik der Politischen Ökonomie und Friedrich Engels' Dialektik der Natur

Die wirtschaftliche Umwälzung des späten 18. und frühen 19. Jahrhunderts, die zu Recht als »industrielle Revolution« qualifiziert wird, veranlasste Friedrich Engels, sich mit den Naturwissenschaften genauer zu beschäftigen. So ungewöhnlich war das im Übrigen nicht. Auch andere große Philosophen interessierten sich für die Naturwissenschaften, so Immanuel Kant, mit dessen Theorie des Himmels sich Engels auseinandersetzte, oder Hegel mit seinem Interesse für Geologie und Geografie oder Alexander von Humboldt, der ferne Welten, vor allem das andine und amazonische Lateinamerika erkundete. Auch Engels' engster Freund Karl Marx war naturwissenschaftlichen und technischen Fragen gegenüber interessiert und aufgeschlossen (vgl. Beiträge zur Marx-Engels-Forschung 2006). Jedenfalls hat Engels – mit Unterbrechungen – von 1873 bis 1886 an einem Buch über die »Dialektik der Natur« geschrieben (mit Notizen und Fragmenten publiziert in MEW 20: 305-570). Er hatte einen mehrfach geänderten Plan ausgearbeitet, wie er das Thema zu bewältigen gedachte (dazu vgl. Bruschlinski 1979: 186ff; sehr aufschlussreich die Ausführungen des russischen Herausgebers der Erstausgabe der »Dialektik der Natur« im Jahre 1925, David Rjazanov 1928/ repr. 1971: 141-147).

Wie ist Friedrich Engels, der sich ja vor allem einen Namen als Sozialkritiker und Repräsentant der Sozialistischen Internationale, als materialistischer Philosoph, Historiker und politischer Ökonom einen Namen gemacht hat, zu den Naturwissenschaften gekommen? Ein Autodidakt ohne Hochschulabschluss, weil sein Vater ihn noch vor dem Abitur aus der Schule genommen und in eine kaufmännische Lehre gesteckt hatte (vgl. Hunt 2013: 38ff.)? Im Vorwort zu seiner »Anti-Dühring« genannten polemischen Schrift »Herrn Eugen Dührings Umwälzung der Wissenschaft« aus dem Jahr 1878 beschreibt er die Zeit nach seinem Ausscheiden aus der väterlichen Firma Ermen & Engels in Manchester zum 1. Juli 1869 als eine Zeit der »vollständigen mathematischen und naturwissenschaftlichen ›Mauserung‹« (MEW 20: 10f.). Das Verständnis der »Dialektik der Natur«, sowohl in ihrer materialen, geschichtlichen Entwicklung als auch in der wissenschaftlichen Erforschung ihrer Bewegungsgesetze und der daran anschließenden Theoriebildung, wurde von Engels und Marx immer als integraler Bestandteil einer kritischen, emanzipatorischen Wissenschaft betrachtet. Die Kritik der politischen Ökonomie, zweifellos die Hauptstoßrichtung des »wissenschaftlichen Sozialismus«, kann nicht auf eine Kritik der gesellschaftlichen Naturverhältnisse verzichten und muss daher die Entwicklungsprozesse der Natur, deren Widersprüchlichkeit und Mehrdeutigkeit, auch die theoretischen Konstruktionen in den Naturwissenschaften, also die »Dialektik der Natur« in den theoretischen Korpus des wissenschaftlichen Sozialismus integrieren. Obwohl Engels ihr zumindest distanziert gegenüberstand, haben ihm seine Erfahrungen in einer Handelsfirma in Bremen und im Comptoir der väterlichen Spinnerei in Manchester »detailliertes Wissen über die Mechanismen des Kapitalismus« (Hunt 2013: 41) und über die Natur der Materialien und Produkte der Textilfabrikation vermittelt. Er lernte also »Warenkunde« und bekam so einen Eindruck von dem »Doppelcharakter« aller ökonomischen Kategorien. Jede Ware wird für den Austausch produziert und soll auf dem Markt gegen Geld getauscht werden. Insofern ist sie und hat sie Tauschwert. Dieser kommt ihr aber nur dann zu, wenn die zu tauschende Ware ein Bedürfnis befriedigt. Das geht nur, wenn sie einen spezifischen Gebrauchswert hat. Der Gebrauchswert ist der stoffliche Träger des Tauschwerts (MEW 23: 50; siehe auch Altvater 2012: 22ff.).

Der »Springpunkt der politischen Ökonomie«

Die praktischen Erfahrungen mit dem Doppelcharakter der Ware im Kontor der väterlichen Firma verschaffen einen Zugang zum Verständnis des von Karl Marx später so bezeichneten »Springpunkts der politischen Ökonomie« (MEW 23: 56). Das ist der »Doppelcharakter der Arbeit«, letztlich der Doppelcharakter aller – oder fast aller, nämlich mit Ausnahme der virtuellen – ökonomischen Prozesse. Der Ort, in dem diese durch Arbeit eingeleitet

und in Gang gesetzt werden, ist gesellschaftlich ebenso wie natürlich charakterisiert. Das Brötchen wird im Ofen der Bäckerei ge-
backen (das ist als Arbeitsprozess ein sozialer, aber zugleich auch
ein technischer Prozess, der sich Naturgesetze zunutze macht)
und im Laden verkauft (ein gesellschaftlicher Prozess). Es ist
Gebrauchswert, mit dem ein menschliches Bedürfnis befriedigt
wird, und es ist Tauschwert, der zu Geld wird. Und der Prozess
wird fortgesetzt: Denn das Geld wird wieder in Tauschwert mit
einem anderen Gebrauchswert als dessen ursprünglichen Träger
verwandelt. Und auch der natürliche Stoffwechsel und gesellschaftliche Formwandel gehen als eine widersprüchliche Einheit
eines fortgesetzten Reproduktionsprozesses weiter. Der konkrete
Träger des Tauschwerts wird durch konkrete Arbeit hergestellt,
die den Tauschwert sozusagen trägt, der aber selbst das Resultat
abstrakter Arbeit ist.

Am Anfang dieser Kette von Stoffwechsel und Formwandel
geht es immer um Inwertsetzung dessen, was nicht zur Welt der
Werte (zu den Gebrauchs- und Tauschwerten) gehört (wie die
»unberührte« Natur), und dann um die Verwertung der Werte
(aus der »inwertgesetzten« Natur) als Kapital. Aus der Natur
wird durch diesen Prozess der Inwertsetzung in der kapitalistischen Gesellschaftsformation Naturkapital. Dieses ist förmlich
nicht von anderen Kapitalsorten – industrielles, finanzielles, in
Warenform gebundenes, fixes und variables oder auch Human-
kapital etc. – zu unterscheiden. Dies als eine Selbstverständlich-
keit zur theoretischen Prämisse ihres Dogmas gemacht zu haben,
war und ist das Geschäftsprinzip des Neoliberalismus. Verwertung als Kapital ist alles, die Unterscheidung zwischen Extraktion von mineralischen, energetischen oder agrarischen Ressourcen aus der Natur und Weiterverarbeitung in der Produktion,
auch der industriellen Produktion, bedeuten nichts.

Das wurde von Marx als »Waren-, Geld- und Kapitalfetisch«
dechiffriert, der auch heute das Alltagsbewusstsein der Menschen verdirbt und der die Borniertheit der herrschenden ökonomischen Doktrinen erklärt, ja das ökonomische Denken so sehr
beherrscht, dass Alternativen geradezu mit Abscheu zurückge-
wiesen werden. Der Fetischismus des Kapitals hat auch in ökolo-

gischen Theorieansätzen Metastasen gebildet. Die Kategorie des »Naturkapitals« geht vielen Ökologen leicht, weil gedankenlos über die Lippen, von »Ökosystemdienstleistungen«, für die Zahlungen geleistet werden sollen (payments for ecosystem services, PES), ist die Rede. Wertpapiere über Nutzungsrechte der Natur, deren Parzellen zu diesem Verwertungszweck in Privateigentum verwandelt werden müssen, gehören ebenso zum wirtschaftspolitischen Instrumentenkasten von ökologischen Ökonomen wie Zertifikate über Verschmutzungsrechte der Atmosphäre, die an speziellen Börsenplätzen weltweit, zumindest aber europaweit, gehandelt werden (Emissionshandel; vgl. hierzu Altvater/Brunnengräber 2008). Die Natur wird zum Tauschwert, ohne dass die materiale Gebrauchswertseite irgendwie Berücksichtigung finden würde (zu der neueren Debatte um die Inwertsetzung von Natur vgl. Schulz 2014; Fatheuer 2014; zur systematischen Kritik vgl. Altvater/Mahnkopf 2007, Viertes Kapitel).

Der Stoffwechsel jedoch ist nur möglich durch Transformationen der Natur, bei denen der thermodynamischen Physik zufolge die Entropie (das Maß der Unordnung) des Systems irreversibel ansteigt. Denn einmal genutzte Energie kann ein zweites Mal nicht in Arbeit umgewandelt werden, und einmal verwendeter Stoff kann ein zweites Mal nur genutzt werden, wenn er mit – häufig hohem – Material- und Energieaufwand recycelt wird. Dem System muss also immer wieder Energie von außen zugeführt oder Entropie muss in externe Senken, auf Müllhalden, in Abwasserkanäle oder in die Atmosphäre abgeführt werden. Die kapitalistische Produktionsweise ist daher auf »externe Welten« der Natur angewiesen. Ohne diese kann sie nicht funktionieren. Externalisierung ist also anders als viele Markttheoretiker annehmen, keine Fehlfunktion des Marktes, sondern die Notwendigkeit eines funktionierenden Marktes (Näheres im 8. Kapitel). Die bei diesen Transformationsprozessen eingesetzte Arbeit wird unter kapitalistischen Bedingungen formspezifisch ausgebeutet. Das ist die bleibende Charakteristik einer kapitalistischen Wirtschaft.

Der Doppelcharakter der Ware als Naturprodukt und Tauschwert macht sich aber doch und äußerst besorgniserregend geltend, auch wenn dieser sowohl in der Ökonomie als auch unter Ökologen und Umweltpolitikern in aller Regel missachtet wird. Klimawissenschaftler haben im Weltklimabericht der UNO (UN-FCCC 2009) berechnet, dass die Einhaltung des klimapolitischen Ziels, den Anstieg der Erdmitteltemperatur auf +2°C im Vergleich zu vorindustriellen Zeiten zu begrenzen, eine Deckelung der Emissionen von CO_2 bei kumulierten 1100 Gigatonnen bis 2050 verlangt. Da das Treibhausgas CO_2 vor allem als Kuppelprodukt bei der Verbrennung von fossilen Energieträgern, von Kohle, Öl und Gas entsteht, sollten weniger fossile Energieträger verbrannt werden und etwa 30% aller heute bekannten Ölreserven, 50% der Erdgasreserven und 80% der Kohlenlagerstätten ungenutzt im Boden bleiben. Sonst droht der Klimakollaps (McGlade/Ekins 2015; Hansen/Kharecha et al. 2013; www.carbontracker.org/report/wasted-capital-and-stranded-assets/, abgerufen am 10.1.2015). Kuppelproduktion ist die Regel bei allen Transformationsprozessen der Natur, bei aller Produktion: Wo gehobelt wird, da fallen Späne. Wo Autos gebaut werden, gibt es Abfall, Abwasser und Abluft. Das machen wir uns bei der Kraft-Wärme-Kopplung zunutze. Ein modernes Kraftwerk produziert Strom und Fernwärme als Kuppelprodukte. Bei der CO_2-Produktion als Neben- oder Kuppelprodukt der Verbrennung von Öl ist uns das noch nicht gelungen.

Der Inwertsetzung der Natur, der Verwandlung von Natur in Naturkapital sind dadurch also Grenzen gesetzt. Wenn aber die Verwandlung bereits geschehen ist, weil die Reserven bereits vor der klimawirksamen Verbrennung fossiler Energieträger von den global operierenden Energieversorgern in der Kapitalbilanz eingepreist sind und als Wertpapiere an der Wall Street, der London Stock Exchange oder an der Frankfurter Börse gehandelt werden, wenn die Ölreserven also bereits in »paper oil« verwandelt worden sind, werden Abschreibungen auf »stranded assets«, auf wertlos gewordene Vermögenswerte verlangt. Der freiwillige oder erzwungene Verzicht auf die Förderung fossiler Energieträger ist nichts anderes als Kapitalvernichtung. Eine grobe Überschlagsrechnung kann eine Vorstellung von der Größenordnung vermitteln, die erreicht werden müsste, um den globalen Temperaturanstieg einzudämmen. Die Verhinderung von 1.500 Gigatonnen (Gt) Treibhausgasemissionen erfordert, etwa 600 Gt Kohlenstoff (Erdgas, Öl und Kohle) im Erdboden zu belassen. Das dürften ungefähr bei 7,3 Barrel Öl pro Tonne CO_2 etwa 4.380 Milliarden Barrels sein. Geht man von einem extrem und daher unrealistisch niedrigen Preis von 50 US$ je Barrel aus (Stand Anfang Januar 2015), würde in den fossilen Carbon-Reserven ein Kapitalwert von etwa 22.000 Mrd. US-Dollar versenkt sein. Das ist weit mehr als die jährliche Wirtschaftsleistung der USA gemessen am BIP, das etwa 15.650 Mrd. US$ erreicht. Würde der Ölpreis bei 100 US$ wie noch im Juli 2014 liegen, wäre der kalkulierte Wert des Kohlenstoffkapitals doppelt so hoch. Da die fossilen Reserven, die verbrannt werden dürfen, mit dem vereinbarten Anstieg der globalen Mitteltemperatur zunehmen, und umgekehrt bei Reduktionsvereinbarungen abnehmen, erhöht jede Senkung des Limits für Kohlendioxid-Emissionen den Spielraum der Kapitalakkumulation bei Öl- und anderen Energieunternehmen, und der Wertzuwachs, der sich daraus für die Unternehmen ergibt, ist noch nicht einmal fiktiv. Umgekehrt würde der Wert der Reserven sinken, wenn diese im Boden belassen werden müssten.

Auch hier zeigt sich die Bedeutung des Doppelcharakters. Der ökonomische Zyklus verdoppelt sich in den Kapitalzyklus (Synonym für den Tauschwert) und den Kohlenstoffzyklus (Synonym für den Gebrauchswert). Das in Millionen Jahren entstandene und in planetaren Erdölfallen gespeicherte Öl (für Kohle und Gas gilt Ähnliches) wird verbrannt, um chemisch gespeicherte Energie in Wärme und diese dann in Arbeitsenergie zu verwandeln. Das unvermeidliche Kuppelprodukt sind die Treibhausgase. Die bis zur industriellen Revolution weitgehend abgeschlossenen natürlichen Lagerstätten fossiler Energieträger umfassen etwa 5.000 Gigatonnen Kohlenstoff. Das ist nicht viel verglichen mit den mehr als 100 Mio. Gigatonnen, die in Sedimenten und Ozeanen gebunden sind (vgl. Kromp-Kolb/Formayer 2005: 133ff.).

Dennoch hat ihre Freisetzung durch Nutzung in der Ökonomie fatale Folgen für das planetarische Klima. Zu einem Teil wird CO_2 zwar beim Wuchs von Pflanzen »konsumiert«, aber auch wieder beim Absterben der Pflanzen oder bei der Verbrennung der Biomasse ausgeschieden. Zum Teil wird das CO_2 von den Ozeanen absorbiert, entweder durch die vertikale Strömung, die CO_2 in die Tiefsee »verklappt«, oder indem es biologisch abgebaut wird. Die Rückkopplungsmechanismen des Kohlenstoffzyklus sind ungewiss (und zum Teil auch unbekannt). Wenn die fossilen Energieträger erst einmal wie der »Geist aus der Flasche« (Rahmstorf/Schellnhuber 2007: 133) aus den geschlossenen Reservoirs im Erdboden geholt worden sind, verbleibt ein großer Teil der CO_2-Emissionen in der Atmosphäre und wird dort mit langer Verweildauer abgelagert: »einmal an der Erdoberfläche strömt der Kohlenstoff hin und her zwischen den Pflanzen, den Gewässern, den Böden und der Luft« (Lohmann 2006: 6; ähnlich Kromp-Kolb/Formayer 2005: 133ff.). Auch in diesem Fall zeigt sich die große Bedeutung der Irreversibilität von Austauschprozessen verschiedener Ökosysteme innerhalb der Sphären des Planeten Erde. Um den Anstieg der Erdmitteltemperatur um 2°C zu begrenzen, müssen weniger fossile Energieträger verbrannt werden.

Die fossilen Reserven sind als Kapital in den jeweiligen Unternehmenswert eingepreist. Wer trägt die Verluste, wer ersetzt die bereits entstandenen Kosten der Exploration und anderer Investitionen, wenn Naturkapital wegen seiner stofflichen Eigenschaften nicht genutzt werden darf und abgeschrieben werden muss, weil die Natur bei Verwertung des Naturkapitals zugrunde gehen würde? Die physischen und sozialen Notwendigkeiten des Gebrauchswerts geraten in Konflikt mit den ökonomischen Notwendigkeiten des Tauschwerts. Die Erhaltung der Erde, oder pathetisch: die Bewahrung der Schöpfung und die Verwertung des Kapitals sind nicht vereinbar. Das haben auch Finanzanalysten erkannt, die den Übergang zu einer »low carbon future« zu erleichtern versprechen und Hilfe bei der Umsetzung von »Divestment«-Initiativen, also beim Ausstieg aus der fossilen Wirtschaft anbieten: »Unsere aktuelle Forschung über Kohlenstoff, der nicht verbrannt werden darf, und Vermögenswerte, die deshalb ihren Wert verloren haben, hat eine neue Debatte darüber ausgelöst, wie Finanzsystem und der Übergang des Energiesystems in Richtung einer Zukunft mit niedrigem Energieverbrauch in Übereinstimmung gebracht werden können.« (carbontracker. org, abgerufen am 10.1.2015)

Es gibt natürlich den umgekehrten Fall, dass das »Naturkapital« aufgebläht wird wie das fiktive Kapital, das Marx im 25. Kapitel des 5. Abschnitts des dritten Bandes des »Kapital« (MEW 25) behandelt. Denn die Bestimmung des Kapitalwerts der zu extrahierenden Reserven orientiert sich an der Rendite auf den Finanzmärkten. Der Kapitalwert steigt mit den zugrunde gelegten Reserven und mit ihnen auch der Börsenwert des Unternehmens, das über sie verfügt. Das war der Grund dafür, dass Shell 2005 seine physischen Reserven nach oben frisierte, um so den Börsenwert und mit dem Börsenwert auch die Boni für das Management zu steigern. Da dies einer schweren Täuschung der »Shareholder« und der Investoren an der Börse gleichkommt, ist die Börsenaufsicht der USA eingeschritten und hat die geologischen Reserven und daher auch den Börsenwert von Shell nach unten korrigiert. Das hatte Folgen für die Boni der Manager und für deren Posten. Dass also die Reserven nicht nur »objektiv« gegeben sind, sondern von Finanzinteressen abhängen, wird hier besonders deutlich (vgl. dazu ausführlicher Altvater 2005).

Obwohl keine physischen Zuwächse der Reserven durch neue Funde zu erwarten sind, vermeldete das Emirat Dubai im Februar 2010 den Fund eines »riesigen Vorkommens«. Die »Financial Times Deutschland« berichtete darüber unter der Überschrift »Ölprahlerei« am 8.2.2010. Dubai braucht neue Reserven, um nach dem Platzen der Immobilienblase im Golfscheichtum im Jahre 2009 die Schulden von ca. 80 Mrd. US$ bei den Gläubigern absichern zu können – auch wenn es sich bei dem gefundenen Öl um ein Phantom handelt. Die argentinischen Reserven wurden 2003 sprunghaft erhöht, um im darauf folgenden Jahr ebenso sprunghaft wieder nach unten korrigiert zu werden. Der Grund: Argentinien hatte die bolivianischen Ölreserven der argentinischen Ölfirma Repsol Argentinien zugeschlagen und musste dies nach der Wahl Evo Morales zurücknehmen.

Das Verständnis des Doppelcharakters von Ware, Arbeit, Produktion ist eine Voraussetzung für das Begreifen der Widersprüche zwischen ökonomischen Prozessen und Naturbedingungen in der kapitalistischen Gesellschaft. Eine Werttheorie ohne die Naturveränderungen durch Arbeit, ohne den Mensch-Natur-Stoffwechsel zu berücksichtigen, ohne der im 19. Jahrhundert entwickelten Thermodynamik Rechnung zu tragen und die heute verfügbaren klima- und energiewissenschaftlichen Erkenntnisse zu nutzen, macht ebenso wenig Sinn wie die Dialektik auf die Wertseite des Doppelcharakters der Arbeit anzuwenden, auf die Naturseite aber nicht. Eine so gestutzte Werttheorie ist schlicht unbrauchbar, heute mehr als noch im 19. Jahrhundert. Sie würde an der Aufgabe scheitern, vor der die Menschheit inzwischen steht: das Gesellschaftssystem infrage zu stellen und umzubauen, um das Klima zu retten, nachdem alle technischen oder marktmäßigen Methoden der Reduktion von Treibhausgasemissionen gescheitert sind. Das ist die gleiche theoretische und politische Schlussfolgerung, zu der auch Naomi Klein in dem Buch: »Die Entscheidung: Kapitalismus vs. Klima« (2015) gelangt.

»Physikalisches und Ökonomisches nicht vermischen«

Friedrich Engels beschäftigt sich ausführlich mit der physikalischen Wärmelehre (Thermodynamik), die viele Gewissheiten der bis dahin vorherrschenden Mechanik überwindet und die heute daran erinnert, dass die Kategorie des Doppelcharakters der Arbeit kein Ausrutscher von Marx ist. Insofern verwundert es, wenn Falko Schmieder Jacques Monod zustimmend zitiert, Engels habe den Zweiten Hauptsatz der Thermodynamik, eine der »größten Entdeckungen seiner Zeit« abgelehnt (Schmieder 2008: 201). Er hat sich nicht so ausführlich dazu geäußert wie zu anderen naturwissenschaftlichen Fragen, aber er hat sehr deutlich die Transformationen eines energetischen Zustands in einen anderen benannt und dabei den Ersten Hauptsatz von der Energieerhaltung zugrunde gelegt und er hat, insbesondere in seinen Ausführungen über die Reibung dem Zweiten Hauptsatz Rechnung getragen. Dieser besagt stark vereinfacht, dass Energie nicht ohne Energieverlust in andere Energieart umgewandelt werden kann, dass beispielsweise chemisch gespeicherte fossile Energie nicht ohne Verlust in kinetische Arbeitsenergie oder Elektrizität umgewandelt werden kann.

Friedrich Engels hat den »Springpunkt« ernst und nicht als bloße Metapher genommen. Er hat daher auch einer Bitte von Marx entsprochen, dem ukrainischen Sozialisten Sergej Podolinski zu antworten, der Marx seine Ausarbeitungen zu einer energetischen Wertlehre mit der Bitte um Kommentierung zugänglich gemacht hatte. Podolinskis Arbeit ist in der »Neuen Zeit« 1883 erschienen, Engels hatte für seinen Brief an Marx vom 19. Dezember 1882 eine italienische Version aus der Zeitschrift »Plebe« zur Verfügung. Er wendet sich in seinem Brief an Marx (MEW 35: 133-137) eindeutig gegen eine energetische Version der Arbeitswerttheorie, wie sie Podolinski vorstellt. Der Arbeiter ist nicht nur eine thermodynamisch interpretierbare Wärmemaschine, die physische Arbeit verrichten kann, sondern ausgebeuteter Mensch in einem Klassenverhältnis, der mit seiner Arbeit auch eine andere Klasse und das soziale Verhältnis von Ausbeuter und Ausgebeutetem aufrechterhält. Jedoch hat die thermodynamische, energetische Interpretation der Transformation der Natur durch Arbeit ihre ökologische Berechtigung, und dies lässt Engels trotz der grundsätzlichen Kritik am Ansatz Podolinskis Marx wissen: »Ökonomische Verhältnisse in physikalischen Maßen ausdrücken zu wollen, ist meiner Ansicht nach rein unmöglich… Der P(odolinski) ist von seiner sehr wertvollen Entdeckung ab und auf Abwege gekommen, weil er einen neuen naturwissenschaftlichen Beweis für die Richtigkeit des Sozialismus finden wollte und daher Physikalisches und Ökonomisches vermengt hat.« (MEW 35: 134f.)

Das schreibt er auch in den »Notizen und Fragmenten« zur »Dialektik der Natur«. Die Rückübertragung der »thermodynamischen Bestimmung von Arbeit auf die Wissenschaften, denen diese Kategorie unter andrer Bestimmung entlehnt« sind, und die Identifizierung von Arbeit mit physiologischer Arbeit seien nicht angemessen. »Man verwandle doch irgendwelche skilled labour in Kilogramm-Meter und versuche danach den Arbeitslohn zu bestimmen! … Der Körper ist eben keine Dampfmaschine, die nur Reibung und Verschleiß erleidet…« (MEW 20: 567f.) Arbeit ist also nicht nur eine thermodynamische Kategorie, sondern auch eine ökonomische, soziale – und philosophische. Aus dieser richtigen Feststellung eine Ablehnung des Zweiten Hauptsatzes der Thermodynamik herauszulesen, ist genauso berechtigt, wie die Kritik eines bestimmten Filmes als Ablehnung des Kinos zu deuten.

Engels hat die Naturwissenschaften seiner Zeit kritisch studiert, ohne sie mit der politischen Ökonomie und anderen Sozialwissenschaften zu vermischen. Er war sich klar darüber, dass er sich »auf einer Reihe von Gebieten … höchstens in der Eigenschaft eines Dilettanten … bewegen kann« (MEW 20: 329). Engels fühlte sich aber von einer Bemerkung Virchows ermutigt, sich auch als Laie zu naturwissenschaftlichen Fragen zu äußern, denn »jeder Naturforscher außerhalb seiner eignen Spezialität (ist) ebenfalls nur ein Halbwisser, vulgo Laie… Sind die Theoretiker Halbwisser auf dem Gebiet der Naturwissenschaft, so sind es die heutigen Naturforscher tatsächlich ebensosehr auf dem Gebiet der Theorie, auf dem Gebiet dessen, was bisher als Philosophie bezeichnet wurde.« (MEW 20: 329f.) Theoretisches Denken, die Philosophie kann dabei helfen, den richtigen Zusammenhang zwischen den empirischen Besonderheiten, die zum Gegenstand immer weiter spezialisierter empirischer Einzelwissenschaften werden, herzustellen. So rechtfertigt Engels sein Gärtnern auf Feldern, die er nur teilweise kennt.

Jedenfalls öffnet sein Ansatz die »Kritik der politischen Ökonomie« auch den Erkenntnissen der »thermodynamischen Physik«, die seit den Schriften von Nicholas Georgescu-Roegen aus den 1970er Jahren (vor allem: Georgescu-Roegen 1971) eine neue Perspektive auf ökonomische Prozesse, vor allem auf das Wachstum und dessen Grenzen eröffnet (Georgescu-Roegen 1995). Die Grundlagen der Thermodynamik, der neuen Energielehre, wurden aber bereits im 19. Jahrhundert erforscht, und damit setzt sich Engels auseinander, möglicherweise nicht intensiv genug. Aber kann dies ein veritabler Punkt der Kritik sein? Die »Dialektik der Natur« ist ein Torso geblieben und angesichts der Neugier und Aufgeschlossenheit von Engels hätte er, wenn die Zeit zu Verfügung gestanden hätte, dazu sicher mehr geforscht und geschrieben.

Die »Dialektik der Natur« sollte sich in mehrere Konvolute gliedern. Im ersten Konvolut sollte es um »Dialektik und Naturwissenschaft«, im zweiten um »die Erforschung der Natur und die Dialektik«, im dritten um die »Dialektik der Natur« und im vierten um »Mathematik und Naturwissenschaft. Diversa« gehen (vgl. MEW 20: 569f.). Genauer hat er seine Absichten in den »Planskizzen« zur »Dialektik der Natur« dargelegt. Sie lassen die vorgesehene Ordnung der Darstellung erkennen. (MEW 20: 307f.) Zu Engels' Lebzeiten wurden die gesammelten Materialien nicht publiziert, der skizzierte Plan nicht in die Realität umgesetzt.

Die Gründe dafür sind triftig und verdienen es, erwähnt zu werden – darunter die zwei wichtigsten: Engels war zeitlebens politisch in der Arbeiterbewegung aktiv, zeitweise im Generalrat der Internationalen Arbeiterassoziation oder im Rahmen der Sozialistischen Arbeiterpartei Deutschlands, er führte eine umfangreiche Korrespondenz in verschiedenen Sprachen, griff auch in internationale Debatten manchmal polemisch ein, war also in die tagtäglichen Klassenauseinandersetzungen verstrickt. Vor allem aber hatte er die zeitraubende Mühe auf sich genommen, den zweiten und dritten Band des »Kapital« seines engen Freundes und wissenschaftlichen wie politischen Mitstreiters Karl Marx nach dessen Tod 1883 für den Druck vorzubereiten. Offenbar war ihm die Marx'sche »Kritik der politischen Ökonomie« wichtiger als die Fortführung und Fertigstellung seiner eigenen in den 1870er Jahren bereits begonnenen Schrift zur »Dialektik der Natur«.

Die Konvolute sind daher nicht durchkomponiert, enthalten viele Überschneidungen, Abschweifungen, lose Enden ohne Verknüpfung – und Lücken, auf die hingewiesen werden muss. Dennoch ist mit der »Dialektik der Natur« und dem »Anti-Dühring« (MEW 20: 5-303) etwas Authentisches entstanden, von dem der Engels-Biograf Tristram Hunt mit Blick auf Marx' Haltung dazu schreibt: »Seit dreißig Jahren hatte Engels die Arbeiten seiner ›ersten Violine‹ erläutert und popularisiert, und nichts spricht dafür, dass er in den 1870er Jahren – unter Marx' Augen – anfing, die Stimme seines Herrn zu verzerren oder von ihren Vorgaben abzuweichen und sie zu verdrehen.« (Hunt 2013: 399) Die vielen Kritiker von Engels aus dem Umkreis der »neuen Marx-

Lektüre«, die ihm ungenaue Editionsarbeit an den Marx'schen Texten oder eine historisierende Interpretation der Marx'schen Formanalyse vorwerfen, müssen sich daher immer die Frage vorlegen: Würde Marx ihrer Kritik zustimmen? Engels hat nicht nur das Marx'sche Werk herausgegeben und popularisiert, sondern auch mit der kritischen Reflexion der Naturwissenschaften seinerzeit Neuland betreten, dessen Bedeutung Marx wohl einzuschätzen wusste. Nicht umsonst hat er Engels zu dem Kommentar über Podolinskis Ansatz gebeten. Er selbst hatte dazu nicht mehr die Kraft.

Ein Jahr nach Engels' Tod erschien 1896 der kurze Artikel über den »Anteil der Arbeit an der Menschwerdung des Affen« in der von Karl Kautsky herausgegebenen Zeitschrift »Die Neue Zeit« (MEW 20: 444-455) und 1898 der Artikel »Die Naturforschung in der Geisterwelt« im »Illustrirten Neuen Welt-Kalender für das Jahr 1898« (MEW 20: 337-347). Dies sind die einzigen Texte aus den Konvoluten der »Dialektik der Natur«, die vor ihrer Erstpublikation 1925 bereits erschienen sind, beide Texte aber nach Engels' Tod. Der Text über den »Anteil der Arbeit an der Menschwerdung des Affen« befindet sich am Ende der »Dialektik der Natur«. Danach bricht das Manuskript ab und es beginnen mehrere hundert Seiten »Notizen und Fragmente« mit unsystematischen Bemerkungen zu natur-, gesellschafts- und geisteswissenschaftlichen Themen. Sie weisen Engels als jemanden aus, für den die heute gern eingeforderte »Multidisziplinarität« nicht Fremdwort oder Belastung und Überforderung darstellte, sondern Herausforderung.

Die Dialektik bietet keine fertige Schablone

Diese beiden kurzen Texte aus den Konvoluten der »Dialektik der Natur« vermitteln einen Eindruck von Engels' Argumentation, von seiner Interpretation des dialektischen Gangs der Entwicklung von Natur und Gesellschaft und von seinem Verständnis der Dialektik als Methode des Denkens. Daher sind sie in diesen Band aufgenommen worden (siehe S. 157ff.).

Den Menschen in der Evolutionsgeschichte der Art vorausgehende Geschöpfe (die Affen nämlich) schaffen durch Arbeit –

selbst Resultat eines Zehntausende von Jahren während den Evolutionsprozesses – den »dialektischen Sprung« der Menschwerdung, der qualitativen Veränderung, der Entpuppung als Vernunftwesen, auch wenn dies ein langwieriger Prozess der Evolution ist – so dargelegt im Text über die Etappen der »Menschwerdung des Affen«. Der Mensch entsteht – so Engels in der »Einleitung« der »Dialektik der Natur« – »durch Differenzierung. Nicht nur individuell, aus einer einzigen Eizelle bis zum kompliziertesten Organismus differenziert, den die Natur hervorbringt – nein, auch historisch. Als nach jahrtausendelangem Ringen die Differenzierung der Hand vom Fuß, der aufrechte Gang, endlich festgestellt, da war der Mensch vom Affen geschieden, da war der Grund gelegt zur Entwicklung der artikulierten Sprache und zu der gewaltigen Ausbildung des Gehirns, die seitdem die Kluft zwischen Menschen und Affen unübersteiglich gemacht hat.« (MEW 20: 322) Entwicklung heißt immer quantitative Veränderung innerhalb einer gegebenen Form und qualitativer Wandel eben dieser Form im historischen Prozess des Stoffwechsels, das ist das Fazit des erstgenannten Aufsatzes. Heute wissen wir, dass dieser qualitative Wandel auch abrupt erfolgen kann, wenn Kipppunkte erreicht werden und Systeme »umkippen«. Ein hoher Phosphateintrag in Gewässer kann zu einem so drastischen Sauerstoffabfall führen, dass aerobes Leben vernichtet wird. Wälder werden in ungünstigen Lagen (im Erzgebirge in den 1990er Jahren) durch sauren Regen so sehr belastet, dass es zum »Waldsterben« kommt.

Die Dialektik gilt aber nicht nur in der Entwicklungsgeschichte von Gesellschaft und Natur. Sie strukturiert den Denkprozess, in dem die Theorie nicht »missachtet« und an eine »gegen alles Denken mißtrauische Empirie« (MEW 20: 345, in diesem Band S. 167) nicht ausgeliefert werden sollte. So heißt es im zweitgenannten Aufsatz: »Falsches Denken, zur vollen Konsequenz durchgeführt, kommt … nach einem altbekannten dialektischen Gesetz regelmäßig an beim Gegenteil seines Ausgangspunkts. Und so straft sich die empirische Verachtung der Dialektik dadurch, daß sie einzelne der nüchternsten Empiriker in den ödesten aller Aberglauben, in den modernen Spiritismus führt.« (MEW 20:

346, in diesem Band S. 167) Man »verachtet in der Tat die Dialektik nicht ungestraft« (ebd.). Wer gehört zu den nüchternsten Empirikern, zu den vehementesten Vertretern der induktiven Methodenlehre, die im Spiritismus, in der Geisterwelt landen? Sogar der große Francis Bacon ist darunter, den Engels explizit erwähnt.

Oder der nicht so große deutsche Nationalökonom Lujo Brentano, den Engels als Beispiel dafür, »wie tief die ökonomische Wissenschaft gesunken ist« in einem Brief an Nikolai F. Danielson vom 15.10.1888 (MEW 37: 113) zitiert. Denn Brentano hatte in einem Vortrag »über die klassische Nationalökonomie proklamiert: Allgemeine oder theoretische Ökonomie ist Naturwissenschaft (!) müssen wir uns auf die Beschreibung von Tatsachen beschränken… ›Wie in der Naturwissenschaft‹! Das ist unbezahlbar im Jahrhundert von Darwin, Mayer, Joule und Clausius, im Jahrhundert der Entwicklungslehre und der Umwandlung der Energie« (ebd.). Engels war sich also sehr wohl der Bedeutung des Zweiten Hauptsatzes der Thermodynamik im Klaren. Gleichwohl ist die Schar der Empiriker, die sich einen Begriff vom Ganzen durch Zuflucht zu idealistischen Konstruktionen oder durch empirisch angeleitetes »Geistersehen« verschaffen, in den vergangenen 100 Jahren nicht kleiner geworden.

Engels selbst wird Opfer der »empirischen Geisterseher«. David Rjazanov, der Herausgeber der Erstausgabe der »Dialektik der Natur« vor genau 90 Jahren 1925, der dem Stalin'schen Terror in den 1930er Jahren zum Opfer fiel, schreibt in der »Einleitung des Herausgebers« der »Dialektik der Natur« über die Schwierigkeiten, die unzusammenhängenden Teile des Manuskripts überhaupt zu ordnen. Eduard Bernstein nämlich, einer der wenigen, die Zugang zum Manuskript hatten und dieses Rjazanov per Kopie zur Verfügung gestellt hatte, konnte dessen Wert kaum beurteilen. Wie denn auch, scheibt Rjazanov, wenn er »1896 darzulegen begann, daß gerade die dialektische Methode dem Marxismus den größten Schaden zugefügt habe«? (Rjazanov 1928/1971: 140) Ob die der »Dialektik der Natur« zugeordneten Manuskripte wert waren, publiziert zu werden, sollte für den Vorstand der Sozialdemokratie Dr. Leo Arons begutachten.

Die Beurteilung, obwohl, wie Rjazanov konzediert, sorgfältig begründet, fiel insgesamt negativ aus. Rjazanov hegte aber Zweifel an deren Validität, und so ist ihm »der Gedanke aufgetaucht, ob nicht doch gerade mit Bezug auf die naturphilosophischen Arbeiten von Engels Arons' Urteil dadurch ungünstig beeinflußt war, daß dieser... sehr strenger Empiriker war und solche der Dialektik generell ablehnend gegenüberstehen« (ebd.: 140f.). Einer, der selbst seine Wurzeln in der »Geisterwelt« der Empirie hatte, sollte nicht das letzte Wort über das Schicksal von Engels' unvollendeter Arbeit haben.

Rjazanow war sorgfältig und holte sich ein weiteres Urteil über die »Dialektik der Natur« ein, und zwar von dem »als Mensch wie als Denker gleich großen Albert Einstein« (ebd.: 141). Einstein urteilt wie folgt: »Herr Eduard Bernstein hat mir ein Manuskript von Engels, naturwissenschaftlichen Inhaltes, übergeben, mit dem Auftrage, darüber meine Ansicht auszusprechen, ob dieses Manuskript gedruckt werden solle. Meine Ansicht ist folgende: Wenn dieses Manuskript von einem Autor herrührt, der als historische Persönlichkeit nicht interessierte, würde ich zu einer Drucklegung nicht raten; denn der Inhalt ist weder vom Standpunkt der heutigen Physik noch auch für die Geschichte der Physik von besonderem Interesse: Dagegen kann ich mir denken, daß diese Schrift für eine Publikation insofern in Betracht käme, als sie einen interessanten Beitrag für die Beleuchtung von Engels' geistiger Bedeutung bildet.« (Ebd.)

Rjazanov vermutet, dass Albert Einstein nicht das gesamte Konvolut von Bernstein erhalten hatte, sondern nur die Teile über Elektrizität und Magnetismus, die allerdings einen großen Teil der Schrift einnehmen. Jedenfalls ist sich Einstein darüber im Klaren, dass es sich bei Engels' »Dialektik der Natur« nicht um ein in erster Linie naturwissenschaftliches Werk handelt, sondern um eine multidisziplinäre Arbeit, die auch für andere als die Naturwissenschaften von Interesse sein könnte, z.B. für die Sozialwissenschaften, um das, was Marx und Engels unter dem »Doppelcharakter der Arbeit« und unter dem Verhältnis von Natur und Gesellschaft verstanden, begreifen zu können. Und Einstein war sich wohl auch über die politische Bedeutung der Schrift für die Sozialdemokratie und die sozialistische Bewegung im Klaren.

Wie schwierig die Edition der Engels'schen Arbeiten zur »Dialektik der Natur« gewesen ist, hat bereits Rjazanov vermerkt, der die Publikation posthum erstmals im Jahre 1925 in der jungen Sowjetunion (in Moskau) in deutscher und russischer Sprache besorgte, durchaus unzureichend und dennoch international aufsehenerregend. Dies schreiben Bruschlinski (1979) und Griese (1992) und bestätigen so Albert Einsteins Urteil. Nach Engels ist Dialektik die Entwicklungsweise alles Seienden, sie bestimmt die Gesellschafts- ebenso wie die Naturgeschichte und sie ist zugleich die Methode des Denkens. »Das sind zwei Reihen von Gesetzen«, so Engels in seiner 1888 veröffentlichten Schrift »Ludwig Feuerbach und der Ausgang der klassischen deutschen Philosophie«, »die der Sache nach identisch, dem Ausdruck nach aber insofern verschieden sind, als der menschliche Kopf sie mit Bewusstsein anwenden kann, während sie in der Natur und bis jetzt auch großenteils in der Menschengeschichte sich in unbewusster Weise, in der Form der äußern Notwendigkeit, inmitten einer endlosen Reihe scheinbarer Zufälligkeiten durchsetzen« (MEW 21: 293). Die Gesetze der Dialektik, so formuliert er an anderer Stelle, »reduzieren sich der Hauptsache nach auf drei: (1) das Gesetz des Umschlagens von Quantität in Qualität und umgekehrt, (2) das Gesetz von der Durchdringung der Gegensätze, (3) das Gesetz von der Negation der Negation.« (MEW 20: 348)

Es ist gewagt und daher riskant, die Dialektik als »die Wissenschaft von den allgemeinen Bewegungs- und Entwicklungsgesetzen der Natur« zu erklären und sie gleichzeitig auf drei Gesetze zu beschränken. Wäre das erste Gesetz beispielsweise universell gültig, könnte nicht erklärt werden, warum die Dialektik seit dem 18. Jahrhundert philosophisches Denken bestimmt, im 19. Jahrhundert als dialektischer Materialismus konstituiert wird und das historische Handeln der Menschen lenkt und nicht in der gesamten Menschheitsgeschichte und in allen Kulturen Denken und Handeln anleitet. Die Dialektik ist kein Mechanismus, ist kein ewig wirksames Gesetz. Sie hat eine Geschichte, in einer bestimmten Gesellschaft zu bestimmten Zeiten. Das würde Engels mit Sicherheit nicht infrage stellen, wie an vielen Textstellen gezeigt werden könnte. Er wendet sich ja explizit gegen die Anwendung der »materialistischen Methode« als eine Art »Leitfaden zum Studium…, als fertige Schablone, wonach man sich die historischen Tatsachen zurechtschneidet« (MEW 37: 411).

Dennoch wird ihm vorgeworfen, eben dies in seiner »Dialektik der Natur« missachtet zu haben. (Schmieder 2008: 198ff.) Denn eine »epistemologische Historie (ist charakterisiert) durch ihr Interesse für historische Zäsuren, Neuanfänge, Peripetien, Krisen, Umwege…« (ebd.: 206). Dialektik kann also gar nicht »apriorisch« auftreten, fügt Schmieder hinzu. Zu Recht, denn heute ist es deutlicher als je zuvor, dass die drei Gesetze Engels' zwar in der menschlichen Geschichte universelle Gültigkeit haben mögen, aber nicht unabhängig von dem schon erreichten Stand der Entwicklung in der Geschichte von Natur und Gesellschaft sind. Denn anders als in der zweiten Hälfte des 19. Jahrhunderts sind zu Beginn des 21. Jahrhunderts offensichtlich einige Grenzen der Natur näher gerückt, während andere sich geweitet haben und daher die Perspektiven der Entwicklung, d.h. der Akkumulation von Kapital, andere sind. Die Wirkungsweise der Gesetze der Dialektik ist offenbar abhängig von dem Stand der Entwicklung des Verhältnisses von Mensch, Gesellschaft und Natur. Das zeigt die Thermodynamik, die Wärmelehre, mit der sich Engels in der »Dialektik der Natur« befasst. Kipppunkte sind unerheblich, solange man sich fern von ihnen befindet. Erst wenn sie näher kommen, werden sie zum Thema und lösen dann auch individuelles und gesellschaftliches Handeln aus. Eine apriorische Konzeption der Dialektik macht also keinen Sinn, sie wäre – im Engels'schen Sinn undialektisch. Eine so dramatische Aussage wie die von Naomi Klein, dass entweder der Kapitalismus oder das Klima zur Disposition stehen, ist bei 400 ppm CO_2 in der Atmosphäre angebracht, bei 280 ppm wäre sie eine Übertreibung. Und bei 500 ppm käme sie zu spät.

Viele, auch marxistische Ökonomen denken immer noch, die Ökonomie sei ein Rationalität generierendes Regelwerk, der Markt diene der Preisbildung und Produzieren, Zirkulieren, Transportieren, Konsumieren seien Angelegenheiten, bei denen die Veränderung der Natur in Zeit und Raum zu vernachlässigen sei. Tauschabstraktion und Wertformanalyse werden thematisiert, Naturdialektik – nein danke. Das hat sicherlich auch damit zu tun, dass die industrielle Revolution und die Entwicklung danach eine bis dahin in der Geschichte nicht gekannte Beschleunigung erfahren haben, durch die auch Kritiker des Systems schwindelig geworden sind. An vielen Stellen zeigen sowohl Marx als auch Engels, dass mit der Industrialisierung eine neue Zeit beginnt und dass dies auch in der historischen und systematischen Analyse der Entwicklung der kapitalistischen Gesellschaftsformation zu berücksichtigen ist.

3. Dialektische Zweifel an der »Dialektik der Natur«

Dialektik also im Denken, in der Gesellschaft und in der Natur, heißt es bei Engels. Doch eben diese Allzuständigkeit der Dialektik wird infrage gestellt. Schon Georg Lukács äußert daran in seinem Werk »Geschichte und Klassenbewusstsein« (1923) ernste Zweifel, die daher immer wieder zur Bestätigung der Kritik an Engels' »Dialektik der Natur« zitiert werden. Lukács befürchtet und kritisiert, dass aus der Engels'schen Darstellung der Dialektik der Natur »Missverständnisse« entstehen, weil die dialektische Methode – »dem falschen Beispiel Hegels folgend« – auf die Erkenntnis der Natur ausgedehnt wird. »Wo doch die entscheidenden Bestimmungen der Dialektik: Wechselwirkung von Subjekt und Objekt, Einheit von Theorie und Praxis, geschichtliche Veränderung des Substrats der Kategorien als Grundlage ihrer Veränderung im Denken etc. in der Naturerkenntnis nicht vorhanden sind.« (Lukács 1923: 17, Fn. 1) Er beruft sich in seiner Kritik auf Marx, der sehr deutlich davon gesprochen habe, dass die Kategorien der theoretischen Analyse »Daseinsformen« und »Existenzbedingungen« der wirklichen kapitalistischen Welt in ihrer Geschichte ausdrücken. Lukács kritisiert zugleich Eduard Bernstein, der »die Dialektik aus der Methode des historischen Materialismus entfernen« muss, »wenn eine folgerichtige Theorie des Opportunismus, der revolutionsfreien ›Entwicklung‹, des kampflosen ›Hineinwachsens‹ in den Sozialismus begründet werden soll«. (Ebd.: 17)

Die beiden Einwände, der eine gegen Engels, der andere gegen Bernstein, haben unterschiedliche Qualität. Der erstgenannte bezieht sich auf die Qualität des »dialektischen Gesamtzusammenhangs«, von dem Engels in der »Dialektik der Natur« (MEW 20: 307) spricht; die gesellschaftlichen, ökonomischen und politischen Verhältnisse sind der verändernden gesellschaftlichen Praxis zugänglich, das Naturverhältnis nach Lukács' Auffassung eher nicht. Daher verbietet sich die Ausdehnung der Dialektik als Methode auf die Naturerkenntnis und auch auf die Naturveränderung. Die dialektische Methode ist also für gesellschaftliche Praxis und soziale Entwicklungen angemessen, für die Entwicklung der Natur nicht. Der zweitgenannte Einwand richtet sich gegen eine positivistische und undialektische, »borniert-empiristische« Interpretation der historischen Entwicklung, die als harmonisch verlaufend und frei von Widersprüchen oder als der technokratischen Manipulation zugänglich verstanden wird, also gegen die Negierung der dialektischen Methode auch bei der Analyse gesellschaftlicher Entwicklungen und der politischen Praxis von gesellschaftlichen Organisationen und Bewegungen. Das ist, so schlussfolgert Lukács, eine Folge des Fetischismus, der dem Waren-, Geld- und Kapitalverhältnis, wie Marx gezeigt hat, grundsätzlich eigen und zugleich die Basis für die theoretischen Grundannahmen des Reformismus ist, nämlich politische Veränderungen ohne Brüche, Reform ohne Revolution theoretisch zu denken und politisch zu konzipieren. Auch Krisen des Kapitalverhältnisses lassen sich bei undialektischer Betrachtung durch Staatsintervention, durch »Organisierung« des Kapitalismus überwinden. Das war in den 1920er Jahren eine der Grundannahmen des Austromarxismus, den Lukács fundamental kritisiert, und zwar schon vor dem berühmt gewordenen Referat über den »organisierten Kapitalismus«, das Rudolf Hilferding auf dem Breslauer SPD-Parteitag 1925 gehalten hat. Bei Engels hebt Lukács ausdrücklich hervor, dass er auf die reformistische »Fehlerquelle … nachdrücklich aufmerksam gemacht hat« (Lukács 1923: 19). Die naturwissenschaftliche Methode, so Lukács erneut mit positivem Verweis auf Engels, findet »jenes Entgegenkommen der Struktur der kapitalistischen Gesellschaft der naturwissenschaftlichen Methode gegenüber, die gesellschaftliche Voraussetzung dieser Exaktheit (als) etwas recht Problematisches« (ebd.) vor.

Daraus resultieren jene Dogmen, die sich aus unveränderlichen, also ahistorischen Gesetzmäßigkeiten ableiten, und die doch nur der historischen Produktionsweise des Kapitalismus, manchmal nur bestimmten ihrer Entwicklungsphasen eigen sind. Es kommt also darauf an, »die einzelnen Tatsachen des gesellschaftlichen Lebens als Momente der geschichtlichen Entwicklung« einer Totalität zu begreifen, also »zur gedanklichen Reproduktion der Wirklichkeit fortzuschreiten« (ebd.: 21). »Diese dialektische Totalitätsbetrachtung … ist in Wahrheit die einzige Methode, die Wirklichkeit gedanklich zu reproduzieren und zu erfassen. Die konkrete Totalität ist also die eigentliche Wirklichkeitskategorie. Die Richtigkeit dieser Auffassung zeigt sich aber erst dann deutlich, wenn wir das reale, materielle Substrat unserer Methode, die kapitalistische Gesellschaft, mit dem ihr innewohnenden Antagonismus der Produktionskräfte und Produktionsverhältnisse in den Mittelpunkt unserer Aufmerksamkeit rücken.« (Ebd.: 22f.)

Der »Gesamtzusammenhang« erfordert also eine »Totalitätsbetrachtung« und dann auch eine Praxis, die den Antagonismen der kapitalistischen Gesellschaft Rechnung trägt und auf die Veränderung des Ganzen und nicht nur auf partielle Verbesserungen hier und da zielt. Ohne Dialektik des Gesamtzusammenhangs also keine Revolution. Denn dieser ist das Realsubstrat des Allgemeininteresses, das das Proletariat in den Klassenkämpfen realisiert, wenn es sein besonderes Interesse wahrnimmt. Das gerade hebt das Proletariat als Klasse gegenüber anderen Klassen hervor, die es nie schaffen können, ihr Sonderinteresse zum Allgemeininteresse zu erheben. Die Revolution ist zumindest möglich. Ob sie gemacht werden kann, hängt freilich von vielen historischen Kontingenzen, konkreten Begleitumständen, »subjektiven« und »objektiven« Faktoren ab, die das Ereignis begünstigen oder ihm hinderlich sind. Dies hängt aber auch von dem historischen Entwicklungsstand der Klassenauseinandersetzung, des Bewusstseins und nicht zuletzt der Naturbedingungen, unter denen die Menschen denken und handeln, ab.

Den Naturwissenschaften macht Lukács zum Vorwurf, dass sie »Widersprüche« oder »Antagonismen in ihrem Material« nicht ausreichend zur Kenntnis nehmen (ebd.: 23) und daher die realen Widersprüche der Natur- und Gesellschaftsgeschichte nicht angemessen begreifen würden. Geschichte könnten sie nicht als »einheitlichen Prozess« und daher auch nicht dessen Form, die sich erst aus der Beziehung aller Teile zum Ganzen erschließen lässt, erfassen. Erst im einheitlichen Prozess und in der Beziehung zum Ganzen erhalten Dinge oder Verhältnisse ihren Stellenwert, ihre

»Gegenständlichkeitsform«, wie Lukács (ebd.) schreibt. Friedrich Engels würde dem wohl zustimmen und hinzufügen, dass der Gesamtzusammenhang die kapitalistische Gesellschaft und die Natur umschließt und dass gesellschaftliche Praxis in kapitalistischer Gesellschaftsformation den Verwertungsprozess von Kapital in Gang setzt und in Gang hält und gleichzeitig die Natur im Rahmen des Mensch-Natur-Stoffwechsels verändert. So ist es, und zwar – wie wir heute wissen – in planetarischen Dimensionen. Die »geschichtliche Veränderung des Substrats der Kategorien als Grundlage ihrer Veränderung im Denken etc.« (ebd.: 17, Fn. 1) findet durch menschliche Praxis bewirkt in grandiosem Ausmaß statt – und diese Erkenntnis ist entgegen Lukács Annahme »in der Naturerkenntnis« sehr wohl vorhanden. Sie drängt sich ja nachgerade auf angesichts von globaler Klimakrise, dem Artensterben, des Atommülls, der die Erdsphären in den kommenden 100.000 Jahren radioaktiv belastet, etc. Lukács kritisiert die »Dialektik der Natur« offenbar in Unkenntnis des gesamten Textes von Friedrich Engels. Kein Wunder, denn »Geschichte und Klassenbewußtsein« stammt aus dem Jahr 1923, die »Dialektik der Natur« ist zwar mehr als 40 Jahre zuvor geschrieben, aber erst zwei Jahre später erschienen.

Lukács hat aber zweifellos recht, wenn er an die Banalität erinnert, dass eine Baumwollspinnmaschine eine Maschine zum Baumwollspinnen ist. Er zitiert Marx, um den nicht trivialen Sachverhalt hervorzuheben, dass die Baumwollspinnmaschine nur in bestimmten gesellschaftlichen Verhältnissen zu Kapital wird. Die Auswirkungen auf die Analyse sind beträchtlich. Denn nun müssen nicht nur Material, technische Funktionsweise, Handhabung und Wirkung der Maschine als Gebrauchswert analysiert werden, um sie zu verstehen, sondern auch ihr Charakter als in Maschinen investiertes konstantes Kapital, das einen bestimmten Tauschwert verkörpert, der einen Kreislauf vollziehen muss, um der Logik der Kapitalverwertung gehorchen zu können. Es ist klar, und dies wird von Lukács unterstrichen, dass erst, wenn die Maschine als Kapital identifiziert worden ist, die »geschichtlich-gesellschaftliche Lage des Proletariats« (ebd.: 34) thematisiert und strategischen Überlegungen in den sozialen Auseinandersetzungen zugänglich gemacht werden kann. Lukács schlussfolgert daher: Die »materialistische Dialektik als Wirklichkeitserkenntnis ergibt sich nur vom Klassenstandpunkt, vom Kampfstandpunkt des Proletariats. Das Verlassen dieses Standpunkts führt vom historischen Materialismus weg, wie andererseits sein Erringen direkt in den Kampf des Proletariats hineinführt.« (ebd.: 35) Man könnte auch sagen, die Roadmap des Gesamtzusammenhangs führt auf direktem Weg zum »Kampfstandpunkt«.

Engels hat in der »Lage der Arbeiterklasse in England« ähnlich z.B. gegen Maschinenstürmerei argumentiert. Widersprechen würde er aber der Zurückweisung der »Naturdialektik« durch Lukács. Denn er war sich mit Marx sehr bewusst, dass der »Gesamtzusammenhang« eine dynamische Bewegung in Gegensätzen (MEW 20: 481) ist, ein Prozess des qualitativen Wandels, da der Stoffwechsel einen ständigen Formwandel einschließt. Dieser Stoffwechsel, vorgefunden in der Natur, ist vor allem anhand der menschlichen Physiologie untersucht worden. Es handelt sich um einen Prozess zwischen Mensch und Natur, der durch Arbeit praktisch vermittelt ist. Es handelt sich, wie Marx im ersten Band des »Kapital« argumentiert, um einen »Prozeß, worin der Mensch seinen Stoffwechsel mit der Natur durch seine eigne Tat vermittelt, regelt und kontrolliert. Er tritt dem Naturstoff selbst als eine Naturmacht gegenüber. Die seiner Leiblichkeit angehörigen Naturkräfte, Arme und Beine, Kopf und Hand, setzt er in Bewegung, um sich den Naturstoff in einer für sein eignes Leben brauchbaren Form anzueignen. Indem er durch diese Bewegung auf die Natur außer ihm wirkt und sie verändert, verändert er zugleich seine eigne Natur. Er entwickelt die in ihr schlummernden Potenzen und unterwirft das Spiel ihrer Kräfte seiner eignen Botmäßigkeit.« (MEW 23: 192)

Marx verweist hier auf die später von Alfred Lotka (1925) oder von Nicholas Georgescu-Roegen (1971) so bezeichneten endosomatischen (dem Körper eigenen) Energien und Instrumente, die die Menschen vor allem gebrauchen, bevor sie sich der exosomatischen, der nicht dem Körper eigenen fossilen Energien und der von ihnen angetriebenen mächtigen Werkzeuge und Maschinen, bedienen. Die »relative Mehrwertproduktion« (vgl. MEW 23: 331ff.) könnte daher auch als Übergang zur umfänglichen und systematischen Nutzung exosomatischer (d.h. körperfremder) anstatt der (körperlichen und daher eng begrenzten) endosomatischen Energien und Instrumente interpretiert werden. Endosomatische Instrumente wie Beine, Arme, Klauen, Flügel, Zähne gehören den Lebewesen von Geburt an und sind Teile des Körpers. Exosomatische Instrumente hingegen sind «von Menschen produziert, ohne zu seinem Körper zu gehören. Deshalb können Menschen in den Himmel fliegen oder unter Wasser schwimmen, obwohl ihr Körper nicht über Flügel, Flossen oder Kiemen verfügt.« (Georgescu-Roegen 1975: 8).

Die endosomatischen Energien und Instrumente können nur durch Amputation entfernt werden. Die exosomatischen Instrumente können »eigentümlich« getrennt und als Privateigentum verselbständigt, also mobilisiert und verkauft werden, ohne dass sich der Mensch bewegen oder wie Shylock in William Shakespeares »Kaufmann von Venedig« ein Pfund Fleisch des eigenen Körpers hergeben müsste. Die Voraussetzungen für die Entfaltung der kapitalistischen Produktionsweise und für die Steigerung der Produktivkräfte, die Voraussetzungen für eine Praxis ohne zusätzlichen endosomatischen Energieaufwand, weil exosomatische Energie genutzt wird, sind damit gegeben. Das ist Dialektik der Natur in praktischer Anwendung des industriellen Fortschritts, ein Beispiel für die von Schmieder (2008) erwähnte »epistemologische Historie«.

Auch Herbert Marcuse haut einige Jahrzehnte später im Jahre 1957 in die von Lukács geschlagene Kerbe und schreibt von Engels' Werk distanziert-kritisch, damit sei der erste Schritt in Richtung einer »sowjetmarxistischen Kodifizierung« der »Bewegung des dialektischen Denkens zu einem philosophischen System« getan (Marcuse 1974: 132). Ein solches »System« lässt sich zwar als Lehrbuch kanonisieren, wie es ja unter Stalin mit dem »Dialektischen Materialismus« und mit dem »Historischen Materialismus« geschehen ist, die zum »Marxismus-Leninismus« zu einem Lehrbuch verschmolzen wurden. Dabei geht alle Offenheit und Lebendigkeit verloren, der »Marxismus-Leninismus«

wird zum entwicklungsresistenten, »verdinglichten« steinernen Gast, für den jede dialektische Bewegung und jeder Dialog lästig sind. Fortschritt im Dreischritt von Position, Negation und Negation der Negation wird unterbunden. Das philosophische System erstarrt und versperrt kritisches Denken. Marxismus als von Antonio Gramsci so genannte »Philosophie der Praxis« wird zu einem Handbuch der Kapitalismusanalyse einschließlich einer revolutionsstrategischen Gebrauchsanweisung popularisiert und damit auch banalisiert. So wird zwar die »Lehre« verbreitet, doch es wird dabei nicht gesellschaftsverändernde Praxis gefördert, sondern Attentismus, auch wenn dieser das schmückende Attribut »revolutionär« erhält.

Engels ist da vorsichtig. Er kritisiert die »Gewohnheit…, die Naturdinge und Naturvorgänge in ihrer Vereinzelung, außerhalb des großen Gesamtzusammenhangs aufzufassen« (MEW 20: 20), verweist aber auch auf die andere Gefahr, für das Verständnis des »Gesamtzusammenhangs« eine »besondre Wissenschaft« zuständig zu erklären. »Was von der ganzen bisherigen Philosophie dann noch selbständig bestehn bleibt, ist die Lehre vom Denken und seinen Grenzen – die formelle Logik und die Dialektik. Alles andre geht auf in die positive Wissenschaft von Natur und Geschichte.« (Ebd.: 24) Der Engels'sche Gesamtzusammenhang ist also weder die übergreifende Idee in Hegel'scher Tradition, noch ein Komplex von invarianten und daher a-historischen Tatbeständen, deren Handhabung in einem Lehrbuch des Marxismus-Leninismus gebündelt werden könnten. Dennoch wird Engels, so zitiert der Engels-Biograf Hunt den britischen marxistischen Historiker und Friedensaktivisten E.P. Thompson, der »Prügelknabe«, dem »jede beliebige Sünde der nachfolgenden Marxismen« (Hunt 2013: 13) angehängt wird.

Die kapitalistische Produktionsweise und auch andere Gesellschaften sind vielmehr als offenes System zu begreifen, »das sich keineswegs beständig selbst erzeugt, sondern von ›externen Voraussetzungen‹ abhängig bleibt, also Umwelten, ›historische Milieus‹ hat und braucht … ein System mit Geschichte, das eine eigene Entwicklung kennt und im Gang dieser Entwicklung an seine Grenzen stößt, dabei auch ›über sich hinausweist‹, mithin verschiedene ›Zukünfte‹ haben kann« (Krätke 2006: 166). Engels fasst »die Dialektik als die Wissenschaft von den allgemeinsten Gesetzen *aller* Bewegung ... ebensosehr in der Natur und der Menschengeschichte, wie für die Bewegung des Denkens« (MEW 20: 530, kursiv von Engels) – und des Erkennens, wie Bodo von Greiff (1976) präzisiert. Die Dialektik als Methode des Denkens gerät allerdings dann auf eine schiefe Bahn, wenn die Entropie bereits das Maximum erreicht hat. Dann endet Entwicklung in einem Trümmerfeld und gesellschaftliche Praxis kann nichts mehr zum Besseren verändern. Der Gesamtzusammenhang wird dialektisch zur von Dietmar Dath (2014: 134) so bezeichneten »Gesamtscheiße Welt«, vor der auch die Erkenntnis frustriert die Schlafbrille anlegt.

Es ist aber trotz aller Relativierung, die schon Engels anklingen lässt, eine Fehldeutung, die Natur als »nothing if not social« zu deuten (so z.B. Smith 1984: 47; ähnlich Swyngedouw 2013). Wir könnten also Engels' Dialektik der Natur zur Seite legen, wenn die Natur keine eigene materiale Substanz hat mit den ihr eigenen Bewegungsgesetzen, Grenzen und Kipppunkten, sondern nur eine diskursive Existenz besitzen würde. Doch ist die Natur mehr als ein soziales Konstrukt und die natürliche Materialität ist für den sozialwissenschaftlichen theoretischen Diskurs kein unwesentliches Beiwerk. Auch für die Lage der Arbeiterklasse sind, wie Engels – und nach ihm viele andere – gezeigt hat, die materialen Naturbedingungen zentral. Denn von ihnen und nicht nur von ökonomischen und politischen Einflüssen hängen erstens die Qualität und Quantität der Befriedigung der menschlichen Bedürfnisse ab.

Dazu muss zweitens in jedem Fall Natur umgeformt werden, und zwar nach Gesetzen, die es in der Natur zu entdecken und zu beachten gilt und die sich nur auf eine Natur beziehen, die das entropische Maximum evolutionär unterbindet. Das Korn muss gesät und geerntet, das Fleisch muss gekocht oder gebraten werden, bevor es verzehrt werden kann. Der Baumstamm muss zersägt werden, um ein Möbelstück daraus zu fertigen. Der Computer braucht Materialien, die auf tausendfache Weise umgeformt und zusammengesetzt werden, bevor eine Sozialwissenschaftlerin dann mit einer Textverarbeitungs-Software einen Text auf dem PC schreiben kann.

Die Kategorie des »Doppelcharakters« der Ware und der »zwieschlächtige(n) Natur der in der Ware enthaltenen Arbeit« wird von Marx wohl kaum gedankenlos als »Springpunkt« (MEW 23: 56) der politischen Ökonomie bezeichnet. Werte produzierende Arbeit formt in spezifischer Weise die Gesellschaft als kapitalistische und erzeugt dabei auch die Gedankenformen, die erst die Praxis ermöglichen, durch die die Gesellschaft reproduziert wird. Zugleich ist die in Wert setzende und Kapital verwertende Arbeit auch Gebrauchswerte produzierende, konkrete, die Natur des Planeten Erde umformende Tätigkeit. Die Wertform und die Naturform bilden eine widersprüchliche durch menschliche Praxis vermittelte Einheit. Deshalb ist es – anders als Lukács und andere nach ihm unterstellen – gerechtfertigt, dialektische Bewegungen nicht nur in der Gesellschaft, sondern auch in der Natur ausfindig machen und deren Dynamik studieren zu wollen – allerdings immer unter der Warntafel, dass apriorische Setzungen keine überhistorische Gültigkeit besitzen.

Denn die Transformationen von Gesellschaft, Ökonomie und Natur sind allesamt bewusste, wenn auch nicht immer intendierte Resultate von lebendiger Arbeit. Ihre Reichweite ist seit der relativen Mehrwertproduktion, der reellen Subsumtion der Arbeit unter das Kapital, seit der industriellen Revolution also, planetarisch und diesem Sachverhalt tragen moderne Naturwissenschaften Rechnung, indem sie ein neues natur- wie menschengeschichtliches Zeitalter verkünden: das Anthropozän. Darauf wird im folgenden Kapitel zurückzukommen sein.

Zunächst ist zu fragen, welcher Art die Arbeit ist, durch die planetarische Transformationen mit Auswirkungen auf die Entropie der Erdsysteme zustande kommen. Das Wertverhältnis, die Realität des Gesamtzusammenhangs einer kapitalistischen Gesellschaft, wird ja dadurch erzeugt und reproduziert, dass die vielen besonderen Dinge für den Austausch produziert werden, an dessen Ende sich die »allgemeine Arbeit« in der »allgemeinen Ware«, dem Geld materialisiert. Ohne die Produktion des Besonderen in der Vielfalt der Warenwelt wäre das Allgemeine nicht möglich, also nicht ohne die besonderen Stoff- und Energietransformationen im Stoffwechsel von Mensch und Natur. Backhaus/Reichelt (1995: 78ff.) weisen mit Blick auf die Marx'sche Formulierung von der »allgemeinen Arbeit« darauf hin, dass diese immer ihr Gegenteil produziert, die vielen besonderen Dinge und umgekehrt das Allgemeine, die Werte.

Das Besondere sind die Gebrauchswerte, die die Naturform des Wertverhältnisses bilden. Helmut Reichelt hält nichts davon. In seiner Schrift über die »Neue Marx-Lektüre« schreibt er von der Marx'schen »Konzeptualisierung des Doppelcharakters der Arbeit«, diese habe den »Weg verstellt,« »die ökonomischen Kategorien als ›Vorstellungen der Gesellschaft‹ – ›in einem allgemeinen Bewusstsein‹ – zu verankern« (Reichelt 2008: 15). Das ist sehr dunkel formuliert. Gesellschaftsform, die Wert- und Geldform und die Denkform haben Platz in der neuen Marx-Lektüre, die Naturform wohl eher nicht. Da Tauschwerte ein substanzloses gesellschaftliches Verhältnis sind, weil der Tauschwert nur im Plural als Verhältnis von mindestens zwei Waren existiert, benötigen sie keinen Naturstoff. Kann deshalb die Wertformanalyse ohne Rekurs auf die Natur auskommen, kann die Naturform aus der gesellschaftlichen Beziehung der Waren und ihrer Warenhüter ausgeschlossen werden? Auf den ersten Blick scheint das so zu sein, und dann kann man auch den »Springpunkt« der Analyse, den Doppelcharakter der Arbeit vergessen. Auch Geld, selbst wenn es als Gold daherkommt, enthält kein Stück Natur, es repräsentiert lediglich eine soziale Beziehung zwischen VerkäuferIn und KäuferIn und zwischen GläubigerIn und SchuldnerIn. Der metallische Charakter des Goldes ist unwichtig für seine Geldform und auch die sozialen Beziehungen zwischen den genannten Charakteren kommen zustande, ob das Geld aus Gold oder einem Papierzettel oder aus einer elektronischen Kette von bits besteht. Diese Eigenschaft ist es, die es möglich macht, das metallische Gold in der Geschichte der kapitalistischen Produktionsweise mehr und mehr verschwinden zu lassen und das Geld zu dematerialisieren, durch Papier und elektronische Zeichen zu ersetzen. So wurde die Geldform flexibel der Entwicklung des Kapitals angepasst. Abstrakte Arbeit wird tatsächlich abstrakter, obwohl es den Komparativ gar nicht geben sollte, denn er erzeugt viel Verwirrung in den werttheoretischen Debatten.

Man muss den immateriellen und unnatürlichen Charakter der gesellschaftlichen Tauschbeziehungen verstehen, um den Waren-, Geld- und Kapitalfetischismus zu begreifen, den Marx im »Kapital« untersucht. Denn nun kann es so scheinen, als ob die materiellen Dinge Eigenschaften qua Gebrauchswert besitzen, die ihnen nur als immaterielle Wertbeziehung zukommen. Fatalerweise brauchen Werte einen »Träger des Tauschwertes«, also doch den Gebrauchswert, der nur durch Transformation von Stoffen und Energien, als Material (oder als praktische Dienstleistung) erzeugt werden kann. Das Besondere des spezifischen Gebrauchswerts erscheint als das Allgemeine. Der die Werte und Tauschwerte erzeugende Arbeits- und Produktionsprozess ist immer auch ein Prozess der Veränderung von Natur, obwohl die gesellschaftliche Beziehung der »Warenhüter« kein Element von Natur enthält. Doch sie käme gar nicht zustande jenseits des Gesamtzusammenhangs von Natur und Gesellschaft. Diesen hat es ohne Wertbeziehung gegeben, und so war es in der überwiegenden Zeit der Menschheitsgeschichte, von der Erdgeschichte ganz zu schweigen. Aber die Wertbeziehung käme überhaupt nicht zustande, würde der »Träger des Werts«, der Gebrauchswert in Naturform nicht produziert.

Die Wert- und Geldform kann daher nicht so gedacht werden wie in Niklas Luhmanns Systemtheorie die Ökonomie, ohne jeden Bezug zur Natur. Luhmann vertrat die Auffassung, dass Preisbildung und Zahlungsvorgang auf dem Markt für ein Barrel Öl zum Subsystem Wirtschaft gehören, »nicht jedoch … (der) Pumpvorgang, der Öl aus dem Boden holt«. Wirtschaft ist »bei der ökonomischen Regulierung dieses Vorgangs mit Rücksicht auf einen in Geld ausdrückbaren Ertrag (involviert)« (Luhmann 1986: 101). Die besonderen ökonomischen Tauschvorgänge, bei denen die Gebrauchswerte als Träger des Werts unverzichtbar sind, gehören nicht zum Subsystem Wirtschaft, nur das im Geld zum Ausdruck kommende Allgemeine. Da die Wirtschaft eines von mehreren gesellschaftlichen Subsystemen ist, kann man den Tauschwert des Öls und die dafür zu leistende Geldzahlung der

Wirtschaft zuordnen, das Drilling des Öls, der Transport, die Raffinade bei entsprechender »funktionaler Differenzierung« einem anderen System. Die förmliche Einheit von Gebrauchswert und Tauschwert im Wertverhältnis wird dann unbegreiflich. Nur die Marktprozesse, die Preisbildung und die ihnen entsprechenden Zahlungen gehören zum ökonomischen System.

Das Problem, das sich die Systemtheorie mit diesem Herangehen einfängt, ist die Unbegreiflichkeit der nicht-marktförmigen externen Effekte, ohne die aber keine europäische Rationalität, also auch keine Marktpreisbildung konzipiert werden kann (dazu mehr im 8. Kapitel). Damit verliert aber das Subsystem Wirtschaft die Verfügung über die Codes, die es gegenüber anderen Subsystemen der Gesellschaft differenzieren. Immer wenn produziert und konsumiert, transportiert und distribuiert wird, werden nicht nur Preissignale gesendet, sondern ganze Landschaften umgestaltet, Rohstofflager geleert, Müllhalden angelegt, da wird gesät und geerntet, da werden Flüsse und Ozeane verseucht, Atommülllager errichtet, und es wird die Erdmitteltemperatur als Folge der CO_2-Emissionen erhöht. Der Mensch macht Erdgeschichte. Die Entropie steigt, und damit verändert sich das Ambiente, in dem gehandelt wird. Die Transformationen von Stoffen und Energien weisen immer und notwendig externe Effekte auf, die nicht vom Marktmechanismus und seiner monetären Logik von Zahlungen erfasst werden können, weil vieles, was energetisch und materiell transformiert wird, nicht zur Ware werden kann und dennoch als Entropiesteigerung das Ambiente des Marktmechanismus verändert. Die Transformationen der Natur sind dann immer auch Prozesse der Aneignung und der Enteignung, ohne dass dafür – wie es auf dem Markt üblich wäre – Kompensationen gezahlt würden.

Auch in der »neuen Marx-Lektüre« werden die ökonomischen Kategorien ähnlich reduktionistisch wie in der Systemtheorie verstanden, weil dem Doppelcharakter explizit nicht Rechnung getragen wird oder dieser um seine Naturförmigkeit gebracht wird. Die physikalisch und chemisch unvermeidlichen »Kuppelprodukte« der Werte schaffenden Arbeit fallen, da sie nicht für den Tausch auf dem Markt produziert worden sind, als Tauschwert aus. Daher interessiert auch nicht der Gebrauchswert als Träger des Werts. Dann existiert für das Geld als allgemeine Ware kein anderer Gebrauchswert als die Arbeitskraft. Das ist die Ware, mit der sich das Geld als Kapital auf dem Arbeitsmarkt austauscht. Um Warenproduktion betreiben zu können – denn deren Wert enthält den Mehrwert, auf den das Geld als Kapital zielt – muss allerdings ein Teil des Geldes in Produktionsmittel (in konstantes Kapital) umgesetzt werden. Es müssen also technische, darunter naturgegebene Bedingungen respektiert werden, damit der kapitalistische Formwandel reibungslos funktioniert, damit die Selbstverwertung des Werts, die Verselbständigung des Tauschwerts in der Zirkulation und die Verwandlung der Arbeit in eine »rein mechanische, daher gleichgültige, gegen ihre besondre Form indifferente Tätigkeit« (Backhaus/Reichelt 1995: 84; MEGA II/1.1: 217) gelingen kann. Letzteres wird aber nur gegen den Widerstand der ArbeiterInnen möglich sein, die am Gebrauchswert des Produkts und dem konkreten Produktionsprozess persönliches und auch Klasseninteresse entwickeln, also das konkret-Besondere (das »Identitäre«) im abstrakt-Allgemeinen verteidigen.

Der Tauschwert verselbständigt sich gegenüber bzw. »abstrahiert von« dem (besonderen) Gebrauchswert. Backhaus/Reichelt verweisen darauf, dass es sich hier um eine »prozessierende wirkliche Abstraktion« (Backhaus/Reichelt 1995: 79) handelt, also nicht nur um eine gedankliche Konstruktion. Sie können sich dabei auf Marx' Ausführungen im zweiten Band des »Kapital« beziehen: »Diejenigen, die die Verselbständigung des Werts als bloße Abstraktion betrachten, vergessen, daß die Bewegung des industriellen Kapitals diese Abstraktion in actu ist…« (MEW 24: 109) Das Kapital, das bereits entwickelte industrielle Kapital, ist also die Grundlage für die Tauschabstraktionen, die sich dann in den Geldfunktionen als allgemeiner Ware realiter wiederfinden lassen. Die Realabstraktion, d.h. die Bildung von Begriffen aus der Analyse der realen Welt, hat scheinbar nichts mit Gebrauchswerten, konkreter Arbeit und Energie- und Stofftransformationen zu tun. Doch das industrielle Kapital, in dem die Realabstraktion Gestalt gewinnt, kann gar nicht vorgestellt werden ohne »revolutionäre«

Naturveränderung. Ohne Naturkräfte zu berücksichtigen, funktioniert also die Transformation des Wertes nicht und die Wertformanalyse verliert ihren Gegenstand. Dann ist Naturdialektik gegenstandslos und man kann als Wertformanalytiker in diesem Theater auf Engels, so wie es Reichelt in seiner Schrift über die »neue Marx-Lektüre« vormacht, gut und gern verzichten. Doch zeigt sich dann, und Reichelt konzediert dies mit guter Begründung, dass es schwer ist, den Wertbegriff ohne Rückgriff auf das gesellschaftliche Naturverhältnis zu konzipieren.

Das zeigt sich erst recht, wenn das Allgemeine der Arbeit und ihrer Resultate in der gegliederten Gesamtheit der Gesellschaft aufgefunden werden soll. Spätestens jetzt wird deutlich, dass ein Begriff des Geldes als Kapital nur gefunden werden kann, wenn Wertform und Naturalform in ihrem systemischen Zusammenhang analysiert werden. Roman Rosdolsky zieht eine sehr klare Schlussfolgerung: Wenn »vom Gesichtspunkt des gesellschaftlichen Reproduktionsprozesses die Kategorie des Wertes als durch die des Gebrauchswertes bedingt erscheint, so ist die letztere dennoch in der kapitalistischen Ökonomie gänzlich dem Werte und der Wertbildung unterworfen« (Rosdolsky 1968: 536). Die Naturform wird durch die Wertform beherrscht, aber alles andere als zum Verschwinden gebracht. Das haben, so scheint es manchmal, Wertformanalytiker und Systemtheoretiker weniger klar verstanden als Trader, vulgo Spekulanten auf Ölmärkten. Diese wissen jedenfalls vom Doppelcharakter der Waren, wenn sie das »wet oil« vom »paper oil« unterscheiden.

Das erste sind die barrels, die gefüllt worden sind und zum Verkauf auf spot markets, z.B. in Rotterdam, stehen. Die Geldfunktion, die sie nutzen, ist die des Zirkulationsmittels. Paper oil entsteht, wenn die Geldfunktion des Zahlungsmittels und die des Weltgeldes entwickelt ist und genutzt werden kann. Dann können an entsprechenden Handelsplätzen Wertpapiere über Öllieferungen heute oder in der Zukunft heftig gehandelt werden, ohne dass ein physisches barrel bewegt werden muss, nicht zuletzt weil spekulative Arbitrage-Gewinne durch Ausnutzung von Preisunterschieden auf unterschiedlichen Märkten und zu unterschiedlichen Zeiten locken.

Die Kategorie des Doppelcharakters öffnet ein Tor zur Erkenntnis der kapitalistischen Dynamik und sie ist, auch wenn dies nicht selbstverständlich ist, für die Wertformanalyse zentral. Friedrich Engels verfolgt eine daran nicht einfach anzuschließende Fragestellung, nämlich die nach dem Reichtum oder Wohlstand in kapitalistischen Nationen und wie er zustande kommt. Er greift damit einen Ansatz auf, den bereits Adam Smith in seinem klassischen Werk über den »wealth of nations« ins Zentrum gerückt hatte. Engels hebt in dem Abschnitt über die Rolle der Arbeit für die Menschwerdung des Affen deutlich hervor: »Die Arbeit ist die Quelle alles Reichtums, sagen die politischen Ökonomen. Sie ist dies – neben der Natur, die ihr den Stoff liefert, den sie in Reichtum verwandelt. Aber sie ist noch unendlich mehr als dies. Sie ist die erste Grundbedingung alles menschlichen Lebens… Sie hat den Menschen selbst geschaffen.« (MEW 20: 444, in diesem Band S. 169)

Die »Dialektik der Natur« ist also weder als Methode zur Analyse oder als Theorie der Selbstbewegung einer den Menschen und ihrer Praxis äußerlichen Natur zu verstehen, noch als (unfertige) Wertformanalyse. Die dialektische Bewegung kommt nach Engels nicht durch äußeren Anstoß zustande, sondern durch inneren Antrieb, durch menschliche Arbeit selbst, durch die Natur verändernde Praxis, die selbst eine Naturäußerung ist. Engels greift mit diesem Wort die Formulierung von Marx im ersten Band des »Kapital« und in der Kritik des Gothaer Parteiprogramms der Sozialdemokratie über den Doppelcharakter der Arbeit auf, ohne damit eine Wertformanalyse einzuleiten.

Im ersten Kapitel des ersten Bandes des »Kapital«, wo es um den »Doppelcharakter« geht, bezieht sich Marx auf William Petty, auf einen der ersten klassischen politischen Ökonomen Englands: Die Arbeit ist der Vater, und die Erde die Mutter des stofflichen Reichtums (MEW 23: 58). Engels geht allerdings darüber hinaus, indem er hinzufügt: Der Mensch schafft nicht nur Reichtum, er selbst ist durch seine Arbeit geschaffen. »So ist die Hand nicht nur das Organ der Arbeit, sie ist auch ihr Produkt.« (MEW 20: 445, in diesem Band S. 171) Der Mensch ist zugleich Schöpfer und Geschaffenes, Erzeuger und Erzeugnis, Demiurg und Kreatur.

Kritiken an Engels' »Dialektik der Natur« ergeben sich auch aus einer Infragestellung der dialektischen und materialistischen Philosophie. Es wird die Möglichkeit oder Sinnhaftigkeit des dialektischen Studiums von Gesellschafts- und Naturentwicklung, von Inwertsetzung, Verwertung und Stoff- und Energietransformation vielfach in Abrede gestellt. Die Lenin'sche These aus »Materialismus und Empiriokritizismus«, »Materialismus (sei) die Anerkennung der ›Objekte an sich‹ oder der Objekte außerhalb des Geistes« (Lenin 1908/1971: 16; vgl. auch Schmidt 1971: 60) wird in idealistischem Überschwang bestritten. Denn, so kennzeichnet Lenin »die entgegengesetzte Lehre«, der Idealismus sagt: »die Objekte existieren nicht ›außerhalb des Geistes‹; sie sind ›Verbindungen von Empfindungen‹.« In dieser Tradition behauptet beispielsweise Erik Swyngedouw mit Slavoj Žižek doktrinär: »Die Natur existiert nicht!« (Swyngedouw 2009: 371), sie sei »ein transzendentaler Begriff…, das Naturkonzept … eine Ideologie par excellence. Das heißt, es hindert Menschen am kritischen Nachdenken…« (Ebd.: 373) Die Natur existiere nur, sofern wir über sie reden und dabei »die außerordentliche Vielfalt der Naturen akzeptieren. Sie zwingt uns, eine politische Entscheidung darüber zu treffen, in was für einer Natur wir leben wollen. Sie lädt dazu ein, in das Unbekannte einzutauchen und das Unerwartete zu erwarten.« (Ebd.: 385)

Der Planet Erde ist also ein Supermarkt mit vielen Naturen im Angebot. Mit einer Daimler-Benz-Natur, einer Google-Natur oder einer Exzellenz-Initiativen-Natur? Oder ist es eine Supermacht, die die Naturen autoritär zuteilt, oder haben wir es mit Governance-Systemen zu tun, in denen auch zivilgesellschaftliche Bewegungen ein Wörtchen über die Natur, die wir uns zu eigen machen wollen, mitzureden haben?

Sofort kommt die Frage auf: Verstehen wir auch nur eine dieser vielen Naturen? Durchschauen wir die physikalischen, die chemischen, die biologischen Gesetzmäßigkeiten, die ihre Abläufe steuern? Haben wir eine Vorstellung von den Evolutionsgesetzen, von der Genetik und davon, was menschliche gesellschaftliche Praxis an der Natur ändern und nicht ändern kann? Ist die »außerordentliche Vielfalt« natürlich begrenzt oder gibt es eine Grenze der Wahrnehmung der Vielfalt der Naturen und wie viele in der Vielfalt der Naturen sind menschenfreundlich und nicht menschenfeindlich? Spielen wir Menschen in den vielfältigen Naturen auch vielfältige Rollen oder bleiben wir jeweils der alte Adam und die junge Eva? Wird die außerordentliche Vielfalt nicht bereits anthropozentrisch auf die Zeit der menschlichen Existenz auf Erden und auf die Räume begrenzt, in denen Menschen leben können?

Die Dinosaurier hat es nie gegeben, weil noch kein Dr. Müller, kein Herr Li, keine Frau Rodriguez darüber reden konnten. Das ist keine Natur, die sich im Angebot befinden würde. Das Vergissmeinnicht existiert nur als Vergissmeinnicht, wenn wir es Vergissmeinnicht nennen. Die Rose hat einen Namen, nachdem wir Umberto Eco gelesen haben. Der Planet Erde hat keine 4.000 Millionen Jahre Geschichte hinter sich, sondern weniger als ein Tausendstel davon, seit die ersten Menschen ihn vor etwa einer Million Jahren im Zuge der Evolution bevölkerten und mit den Jahrtausenden zu begreifen begannen, was ihnen und dem Planeten da geschah und in der Gegenwart sogar frivol genug sind, um nicht nur die eigene, sondern auch Natur- und Erdgeschichte zu schreiben und dann über deren Vielfältigkeit zu schwadronieren.

Jurassic Park ist also Realität, die Welt des Tyrannosaurus, Diplodocus, Parasaurolophus, Protoceratopus und Stegosaurus vor 235 bis 65 Millionen Jahren aber »Ideologie par excellence«.

Das muss nicht bis zur Leugnung der Existenz von Dinosauriern oder von geologischen und paläohistorischen Wirklichkeiten vor der Menschenzeit fortgesetzt werden, wohl aber bis zur Infragestellung einer »Erkenntnisbeziehung« zwischen Menschen und einer Natur, in der es Menschen noch gar nicht gab. Denn die Wirklichkeit war in der menschenleeren Vergangenheit »nur« objektiv gegeben und nicht subjektiv sozialer Praxis zugänglich. Doch die Erdgeschichte umfasst beides, die Milliarden Jahre ohne menschliche Präsenz und die »Menschenzeit«. Letztere würde es ohne Erstere gar nicht geben – wann also begann die Zeit des Menschen? Trotz dieser unbeantworteten und unbeantwortbaren Frage wird in anthropozentrischer Naturbetrachtung die Annahme einer prähumanen Natur als Ideologie vermerkt. Die Geschichte ist nicht mehr der Verlauf der Zeit vom Anfang bis zum Ende, das wir nicht kennen, sondern verkürzt sich auf den Horizont der gerade lebenden Menschengeneration.

In diesem Naturkonzept kann es eine Dialektik der Natur schon deshalb nicht geben, weil es die Materialität der Natur nicht gibt, weder stationär noch in Bewegung, und wenn, dann fehlt die Brücke der Erkenntnis vom Subjekt zum Objekt. Es wird den thermodynamischen Gesetzen nicht Rechnung getragen, zu denen auch das der Irreversibilität gehört. Eines folgt auch in der Erd- und Menschengeschichte dem anderen aufeinander, aber nicht das andere auf das eine. Wenn Schulkinder über Klimawandel reden oder eine Fernsehdokumentation das Verschwinden der Strände wegen der illegalen Sandentnahme zum Bau von Ferienburgen an jenen Stränden geißelt, deren Sand weggepumpt wird, ist die Natur präsent, sonst nicht.

So argumentieren Soziologen seit Emile Durkheim, erinnert Alfred Schmidt in seinem einfluss- und aufschlussreichen Buch über den »Begriff der Natur in der Lehre von Marx« aus den frühen 1960er Jahren (Schmidt 1971: 55): Obwohl genuine Kategorien der Natur, sind auch »Raum und Zeit gesellschaftlich entsprungen«, haben also außerhalb der menschlichen Kommunikation keine reale, selbständige, »natürliche« Existenz. Das ist der Ausgangspunkt vieler kritischer sozialgeografischer und politisch-ökologischer Schriften heute.

Die Abwehr von Engels' Versuch des Zusammendenkens der dialektischen Beziehungen von Natur, Gesellschaft und Wissenschaft hat also eine lange Tradition, auch in der kritischen sozialwissenschaftlichen Literatur. Das Argument ist nachvollziehbar und zum Teil berechtigt, wird aber Engels' Impuls und Intention nicht gerecht, der natürlich weiß, dass die äußere Natur durch menschliche Praxis verändert wird und dass mit dem wissenschaftlichen und technischen Fortschritt die Ausmaße dieser menschengemachten Naturveränderungen zunehmen. Er fügt obendrein hinzu, dass durch diese Praxis der Mensch erst zum Menschen wird, die Hand ist nicht nur Organ, sondern auch Produkt der Arbeit. Gerade dies spricht für die Dialektik der Natur, von der die naturtransformierende Praxis, die menschliche Arbeit nämlich, ein wichtiger, wenn nicht entscheidender Teil ist.

Die historische Dynamik der »Wechselwirkung von Subjekt und Objekt« und der »geschichtlichen Veränderung des Substrats der Kategorien« darf in einem Erdzeitalter nicht unterschätzt werden, das so sehr vom Menschen bestimmt ist, dass es als das »Anthropozän« bezeichnet wird (dazu ausführlicher mit Literaturverweisen Altvater 2014a; Mahnkopf 2013; 2014a, b). Es sollte besser das Kapitalozän (vgl. Altvater 2014a, b; Moore 2014) heißen. Denn die erdsystemischen Veränderungen haben Menschen in kapitalistischer Vergesellschaftung insbesondere seit Beginn des Industriezeitalters in der zweiten Hälfte des 18. Jahrhunderts und dann in enormer Beschleunigung seit dem Ende des Zweiten Weltkriegs (Steffen/Crutzen/McNeill 2007: 617ff.) gemacht. Mit der Industrie, so schreibt Marx explizit, ist das Realsubstrat der abstrakten Arbeit und daher die zu deren Analyse angemessene Werttheorie in die Welt gekommen.

4. Das Kapitalozän oder:
Die Industriestadt Manchester lehrt Naturdialektik

Wenn man im zweiten Jahrzehnt des 21. Jahrhunderts über das Industriezeitalter schreibt, muss man also auch die erdgeschichtlichen Veränderungen vermerken, die der Industrialisierung vorausgegangen sind und die die industrielle Revolution mit sich gebracht hat. Es geht daher um die Geschichte der kapitalistischen Gesellschaftsformation und darüber hinaus um die sehr lange Geschichte der Formationen der Erdsphären. Beides hängt miteinander zusammen, insbesondere seit der industriellen Revolution. Das macht ihre welthistorische Bedeutung aus.

Der Begriff der Erdsphären oder des planetarischen Systems ist nicht unstrittig. Geowissenschaftler unterscheiden unbelebte Geosphäre (das sind die Atmosphäre, Hydrosphäre, Kryosphäre, Lithosphäre und Pedosphäre) und die belebte Biosphäre. Beide Sphären bilden dieser Systematik entsprechend die ökologische Sphäre, die natürliche »Umwelt« des Menschen. Dieser hat sich eine Anthroposphäre geschaffen mit Gesellschaft, Wirtschaft, Politik, Kultur und einer langen Gesellschaftsgeschichte, die aber nur einen verschwindend kurzen Zeitabschnitt der Erdgeschichte einnimmt. Ökosphäre und Anthroposphäre formieren die Einheit des Erdsystems und bestimmen dessen Entwicklung.

Die Unterwerfung der Erde

In der bisherigen Erdgeschichte haben die Geschehnisse der Ökosphäre vom Meteoriteneinschlag bis zu Erdbeben und Sturmfluten die Entwicklung der Erde und die Erdzeitalter bestimmt. Das hat sich seit der so genannten Moderne geändert. Die Erdgeschichte wird von den Geschehnissen in der Anthroposphäre maßgeblich beeinflusst, das neue Erdzeitalter wird daher Anthropozän genannt. Schon vor 120 Jahren hat der italienische Geologe Antonio Stoppani das neue Erdzeitalter, das sich mit der Industrialisierung ankündigte, das »Anthropozoikum« genannt. Inzwischen ist es zum Anthropozän umbenannt worden. Den Namen hat der Chemiker und Klimawissenschaftler Paul Crutzen (2002) vorgeschlagen, wie Christian Schwägerl (2012) berichtet. Es hat zwar in der Erdgeschichte immer Klimaschwankungen gegeben, aber dieses Mal sind die Änderungen des Klimasystems Folge des menschlichen Einflusses auf die Erdsphären. Die »Menschheit 2.0« (Kurzweil 2013) beherrscht in der kapitalistischen Moderne die Erdsysteme – und auch wieder nicht. Denn sie hat mit ihrer von Kurzweil (und vielen anderen) verklärten Technik die globale Ökonomie, die Gesellschaften und die Politik und nicht zuletzt die Natur des Planeten, die Geo- und die Biosphäre in tiefe Krisen gestürzt.

Das Anthropozän hat nach verbreiteter Einschätzung am Ende der Warmzeit des Holozän begonnen. Es hat daher eine uns im Prinzip bekannte Geschichte. In der Rückschau sind wir klüger als in der Vorausschau. Für den Eintritt der Menschheit ins Anthropozän kann zwar keine exakte Jahreszahl angegeben werden. Aber das neue »Menschenzeitalter« muss zwischen der Geburt der europäischen Moderne im »langen 16. Jahrhundert« und der industriell fossilen Revolution des späten 18. Jahrhunderts begonnen haben. Das »lange 16. Jahrhundert« reicht von den großen Entdeckungen seit der zweiten Hälfte des 15. Jahrhunderts bis zur Entstehung des modernen internationalen Systems am Ende des 30jährigen Kriegs 1648. Danach beginnt schon – allerdings nur in Europa – die Zeit der so genannten Proto-Industrialisierung und dann die industrielle Revolution, eine beschleunigte Geschichte. In diesen wenigen Jahrhunderten hat eine enorme Produktivitätssteigerung wie niemals zuvor in der Geschichte stattgefunden.

Die Steigerung der Produktivität ist aber eine Folge der Beschleunigung aller Prozesse in der Produktion, Kommunikation, Zirkulation, einschließlich des Transportwesens, und der Konsumtion – und letztlich erfasst sie auch die Evolution des Lebens. Die Zeit und der Raum werden komprimiert. In kürzeren Zeitintervallen kann mehr produziert und können Dinge und Personen weiter transportiert und Informationen schneller ausgetauscht werden. Dazu bedarf es einer Technik, die mit der »europäischen Rationalität der Weltbeherrschung« (Max Weber) seit der Neuzeit zunächst imaginiert und dann praktisch entwickelt wird. Leonardo da Vinci (1452-1519) hatte viele der Apparaturen zur Steigerung der Produktiv- und Destruktivkräfte (man denke an seine Kriegsmaschinen) schon intellektuell konzipiert, gezeichnet und manche als Prototypen gebaut. Sie konnten aber nur mit neuem Material (vor allem Metalle) konstruiert und mit neuen und mächtigen, nämlich fossilen Antriebskräften in Bewegung gesetzt werden.

Zuvor sind Wasserkraft und Windenergie oder das Holz der Wälder umfänglich als Energiequelle genutzt worden. Hinzu kamen die biotische Energie von Tieren und Menschen. Als menschliche Energieträger wurden sie den anderen nicht-menschlichen »Energiesklaven« (Dürr 2010) gleichgestellt und das war möglicherweise der Grund, warum Menschen als Sklaven und Leibeigene das »Recht, Rechte zu haben« (Hannah Arendt), ebenso verweigert worden ist wie Tieren. Die Sklavenarbeit wurde in der »neuen Welt« zur Grundlage der Akkumulation, zunächst vor allem in Brasilien, später dann vor allem in der Karibik und in den Südstaaten der USA. Die biotische Energie der versklavten Menschen und ihr Einsatz als spottbillige und besonders mobile Arbeitskräfte beruhte auf einer »Externalisierung« von sozialen und menschlichen Kosten, weil weder irgendein europäischer Staat noch die Menschenhändler oder die Plantagenbesitzer für die Kosten der Produktion und der Reproduktion dieser Arbeitskräfte aufkommen mussten. »Die Plantagenbesitzer brachten Sklaven, die mit Nahrungsmitteln aus Afrika aufgezogen waren, dazu, die Kohlenhydrate zu produzieren, die dann nach Europa exportiert werden konnten. Dort wo afrikanische Sklaven nicht hingelangten oder nicht leben konnten, wie in den Anden, haben die Kolonialregime interne Afrikas geschaffen.« (Moore 2007: 14) Die europäische Rationalität der Weltbeherrschung, so lässt sich auch hier zeigen, beruht auf der Externalisierung von Kosten und auf der Inwertsetzung von bislang externen Ressourcen. Dabei war immer die Gewalt im Spiel.

Die historische Bedeutung der industriell-fossilen Revolution seit der zweiten Hälfte des 18. Jahrhunderts kann mit dem Verweis auf prä-fossile Energieträger und die biotische Energie von Sklaven daher relativiert und als Moment einer grundlegenden sozialökologischen Transformation reinterpretiert werden, die nicht erst mit der Dampfmaschine des späten 18. Jahrhunderts, sondern bereits im 15. Jahrhundert begann und von (mindestens) »four cheaps« begünstigt wurde (Moore 2014): von billiger Arbeitskraft, billiger Nahrung, billiger Energie und billigen mineralischen und agrarischen Ressourcen.

Diese »four cheaps« waren im Rahmen einer gesellschaftlichen Formation bedeutsam, deren handelnde Subjekte es verstanden, sie zu ihrem und der Gesellschaft Vorteil zu nutzen und alles, was dem Nutzen im Wege stand, zu eliminieren oder zu externalisieren. Das war die sich zunächst in Europa herausbildende kapitalistische Gesellschaftsformation, die mit kolonialistischer und später imperialistischer Gewalt in alle Welt expandierte. Der ganze Planet ist ihren Prinzipien unterworfen worden, gewaltsam und brutal in ihren Kriegen, aber auch friedlich Handel treibend, auf leisen Sohlen mit Wissenschaften und Künsten, mit Missionaren. Es wurden Landschaften umgepflügt, Ressourcen geplündert, Ökosysteme mit bis dato nicht gekannter Radikalität verändert (vgl. Varchmin/Radkau 1981). Erst mit der kapitalistischen Industrialisierung wurde erschreckend klar, welche Umwälzungen das biblische Gebot: »Macht Euch die Erde untertan!« auslösen kann.

Es sind nicht die Menschen schlechthin, sondern die Menschen in der kapitalistischen Produktionsweise, die die grandiosen Veränderungen aller Erdsysteme seit der industriellen Revolution bewirkt haben. Ihre Vorfahren in nicht- und vorkapitalistischen Gesellschaftsformationen haben zwar große Veränderungen in der Kultur, in der Agrikultur und Politik, in der Ökonomie und in der Architektur zustande gebracht. Sie waren also kreativ, häufig auch innovativ. Doch die räumliche und zeitliche Reichweite wurde erst unter kapitalistischen Verhältnissen so über alle menschlichen, gesellschaftlichen und natürlichen Maße gedehnt, dass auch Erdsysteme umgewälzt worden sind und der Mensch selbst zum biotisch-technischen Avatar-Hybrid mutieren könnte (vgl. Hörz und Hörz 2013). Der moderne Kapitalismus ist also heute mehr als eine Gesellschaftsformation. Er usurpiert und verändert die menschliche Existenz und ist inzwischen eine erdsystemische Formation. Er ist in den Gesteinsschichten der Erde nachweisbar und zum Kapitalozän geworden. Als solches ist der moderne Kapitalismus zeitgemäße Form des dialektischen Mensch-Gesellschaft-Natur-Zusammenhangs.

Insbesondere seit der von Geologen so genannten Großen Beschleunigung in der zweiten Hälfte des 20. Jahrhunderts sind mit der rapide steigenden Produktivität und mit dem deshalb zunehmenden Sozialprodukt auch der ökologische, der ökonomische und soziale Fußabdruck des Menschen über alle Maßen gewachsen. Spätere Erdbewohner werden die Spuren der gegenwärtigen Generationen in den Sedimentablagerungen der Erdkruste finden können: »Wenn irgendwann in der Zukunft Aliens auf die Erde kommen und sich durch die Sedimente graben, werden sie über unsere Zeit sagen: Hier geschah etwas, das die Erde radikal verändert hat.« So der britische Geologe Zalasiewicz anlässlich der Eröffnung des »Anthropozän-Projektes« im Haus der Kulturen der Welt in Berlin 2013.

Was dies bedeutet, lässt sich bei einem Blick zurück in die Zivilisationsgeschichte erkennen. Es würde keinen Sinn machen, den Übergang zur sesshaften Landwirtschaft im Zuge der Neolithischen Revolution vor etwa 8.000 Jahren als Übergang zum Erdzeitalter eines »Agrarozän« zu bezeichnen. Das Neolithikum ist zwar Ergebnis der von Nicolas Georgescu-Roegen so genannten ersten prometheischen Revolution. Diese zeichnet sich durch den Übergang zu einem effizienteren Energiesystem mit einem höheren »Energy Return on Energy Invested« (EROEI) als je zuvor in der Menschheitsgeschichte aus. Georgescu-Roegen kommt zu dem Schluss, dass es in der Geschichte nur zwei prometheische Revolutionen gegeben hat: Die neolithische Revolution machte es möglich, einen ganzen Wald mit einem Brennholzscheit zu roden (Brandrodung) und dann auf dem gerodeten Boden Pflanzen mit hohem Energiegehalt anzubauen und Lebensmittel mit hohem Gehalt an Nutzenergie für Menschen und Tiere bereitzustellen. Die Akteure der Neolithischen Revolution waren Bauern. Die Akteure der Energiebeschaffung in der industriellen Revolution hingegen waren Bergleute, die die im Zuge der industriellen Revolution verwendeten fossilen Brennstoffe aus der Erdkruste extrahierten. Die Energieausbeute war hoch. Die investierte Arbeitsenergie der Bergleute und andere Energie- und Stoffinputs waren nur ein Bruchteil der in Form von Kohle und später von Öl und Gas geernteten Energie. Im Verlauf der prometheischen Revolutionen veränderten sich die gesellschaft- lichen Verhältnisse infolge der sprunghaft gestiegenen Energie- ausbeute grundlegend.

Die Geologie des Planeten Erde ist bei der systematischen Nutzung der Sonnenenergie in der sesshaften Landwirtschaft weitgehend unberührt geblieben. Das war in der Tausende Jahre später nachfolgenden zweiten prometheischen Revolution, der »industriellen Revolution« grundlegend anders. Die Erde wurde bei der Förderung fossiler Energieträger und bei der Suche nach verwertbaren Rohstoffen in der Kruste der Erde für die industri- elle Verarbeitung umgewühlt, was sich in den Gesteinsschichten nachweisen lässt. Die Emissionen von Produktion und Konsum- tion haben die Sphären des Planeten verändert, insbesondere die Atmosphäre. Die Folgen sind dramatisch, wie wir wissen. Ein Klimakollaps ist, wenn dem Modell kapitalistischer Akkumula- tion gefolgt wird, nicht auszuschließen.

Im Unterschied zur Neolithischen Revolution wird in der in- dustriellen Revolution also nicht nur die spezifische Gesellschafts- formation umgewälzt. Die Inwertsetzung von Naturressourcen und deren Verwandlung in Naturkapital prägt den Akkumula- tionsprozess in Zeit und Raum. Er findet mit der Inwertsetzung einen Anfang und er hat ein Ende, wenn die Grenzen der Trag- fähigkeit der Erdsphären für die Emissionen, in erster Linie für die CO_2-Emissionen in die Atmosphäre, überschritten werden. Die Verwertung von Kapital im Produktions- und Reprodukti- onsprozess ist nicht möglich, ohne die Geosphäre zu verändern, und zwar nicht nur vorübergehend, sondern für lange Zeiträume. Das gilt für die oberirdischen Wüsteneien, die der Braunkohlen- bergbau in der Lausitz, die Extraktion des Teeröls in Alberta, der Eisenerzbergbau in Carajás oder die Ölausbeute in der Tundra Sibiriens hinterlassen. Der heute eingelagerte Atommüll strahlt 100.000 Jahre; welche Menschheit es am Ende dieser langen Pe- riode dann gibt, wissen wir nicht und ob dann noch eine kapita-

listische Gesellschaftsformation existiert, ist sehr unwahrschein-
lich. Das nun anbrechende vom Menschen zu verantwortende
Erdzeitalter sollte daher sinnvollerweise nicht menschentümelnd
als Anthropozän, sondern präzise als von den Menschen in der
Gesellschaftsformation des Kapitalismus bestimmtes Kapitalozän bezeichnet werden (vgl. Altvater 2013, 2014a, b; Mahnkopf
2014a, b, Moore 2014).

Alles ist in Bewegung, Stillstand ist Krise

Das Kapitalozän beginnt, so kann man mit leichter Übertreibung
sagen, in Manchester. Der Engels-Biograf Tristram Hunt (2013)
verweist darauf, dass die wissenschaftlichen Revolutionen und
ihre praktische Umsetzung in die industriekapitalistische Produktionsweise zu einem guten Teil in Manchester, im Zentrum
des aufstrebenden »Manchester-Kapitalismus« stattfanden. Das
war Friedrich Engels' Welt, die er kritisch beobachtete und als
Sozialist oder Kommunist praktisch zu verändern suchte. Das
war die Materialisierung des Gesamtzusammenhangs, auf den
sich die »neue Naturanschauung« von Carnot, Laplace, Liebig,
Darwin u.a. bezog, und die er studierte, um den »Gesamtzusammenhang« besser begreifen zu können. Das bildete seine Erfahrungswelt der »Großen Industrie« von Kohle und Dampf, der
Chemisierung und – beginnenden – Elektrifizierung in den Betrieben und Haushalten, der Revolution in der Landwirtschaft:
»Alles Starre war aufgelöst, alles Fixierte verflüchtigt, alles für
ewig gehaltene Besondere vergänglich geworden, die ganze Natur
als in ewigem Fluß und Kreislauf sich bewegend nachgewiesen,«
schreibt Engels (MEW 20: 320) begeistert und von Bewunderung
erfüllt. Gesellschaftliche Naturverhältnisse sind also Verhältnisse
in Bewegung, die nicht erst zum Zeitpunkt der Beobachtung beginnt, sondern auf dem Zeitpfeil der Entwicklung eine vergangene
Geschichte und eine werdende Zukunft hat. Das hat unmittelbar
Auswirkungen auf die wissenschaftliche Herangehensweise.

Erstens sind Verhältnisse in Bewegung mit stets wechselnden
Erscheinungsformen empirisch schwerer zu erforschen als ru-
hig sich darbietende Verhältnisse. Man wird also theoretisch die
Auslöser der Bewegung, ihre »Bewegungsgesetze« und die Ef-

fekte der Bewegung analysieren, d.h. dialektisch vorgehen müssen, zumal auch »die Ruhe ein spezieller Fall der Bewegung ist« (Engels zitiert mit diesen Worten den Begründer der Spektralanalyse Gustav Robert Kirchhoff, MEW 20: 381). Das gilt sowohl für Bewegungen in der Natur als auch für soziale Bewegungen, und das gilt für die räumliche ebenso wie für die zeitliche Dimension der sozialökonomischen Entwicklung.

Diese aber ist *zweitens* unter kapitalistischen Produktionsverhältnissen nichts anderes als die Akkumulation von Kapital, ihr Maß ist das Wachstum, das in heutiger Zeit zu einem alles beherrschenden Fetisch aufgestiegen ist. Stillstand, das ist in der kapitalistischen Produktionsweise daher die Krise, und diese ist wegen des »dialektischen« Gesamtzusammenhangs« eine Krise von Ökonomie, Gesellschaft, Politik und Natur im umfassendsten Sinn. Dass die Natur, wie Engels schreibt, ein System bildet, »einen Gesamtzusammenhang von Körpern, und zwar verstehn wir hier unter Körpern alle materiellen Existenzen vom Gestirn bis zum Atom…, (und) daß sie aufeinander einwirken« zeigt schon, »daß Materie undenkbar ist ohne Bewegung« (MEW 20: 355). Wird die Bewegung des Kapitals angehalten, ist die Krise da, und ergreift sie den »Gesamtzusammenhang« hat die Krise »multiplen« Charakter – aber nur deshalb. Post-growth, décroissance, jenseits-des-Wachstums sind Ideen, die bei dialektischer Beachtung der Gesellschaft, in der wir heute leben, nur jenseits des Kapitalismus praktisch werden können.

Das bukolische Biedermeier ist auch in der politischen Ökonomie präsent, aber nicht potent genug, um wissenschaftlichen, gesellschaftlichen, politischen Einfluss gewinnen zu können. Daher ist die Bewunderung verständlich, die Engels für die »Riesen an Denkkraft« (MEW 20: 312) seit der im 15. Jahrhundert beginnenden Moderne aufbringt: für Leonardo da Vinci, Albrecht Dürer, Martin Luther oder Nicolo Machiavelli, die er ausdrücklich erwähnt. Sie alle sind Universalgelehrte, Künstler, Ingenieure, Politiker, Wissenschaftler – nicht nur in einer Spezialdisziplin. Sie waren Freigeister und haben sich mit allen beengenden Autoritäten angelegt. Ohne diese »Riesen« des Geistes wäre der Fortschritt langsamer voran oder gar zum Stillstand gekommen. Sie widersprechen schon als Personen, und mit dem was sie tun erst recht, der Steady State- oder Post- und Degrowth-Idylle.

Im Gegenteil, alles ist im Fluss und dies gilt auch für den Gesamtzusammenhang, der weder nur fixe Idee noch ein fixer Zustand ist. Dies sei, so Engels, bereits eine Entdeckung der griechischen Philosophie, und er verneigt sich vor ihr. Denn er sieht sich genötigt, »in der Philosophie wie auf so vielen andern Gebieten, immer wieder zurückzukehren zu den Leistungen jenes kleinen Volks, dessen universelle Begabung und Betätigung ihm einen Platz in der Entwicklungsgeschichte der Menschheit gesichert hat, wie kein andres Volk ihn je beanspruchen kann« (MEW 20: 333). An diesem Urteil können auch die Finanzmärkte, die korrupten Praktiken der Akteure auf ihnen oder die Pressionen der Troika (Europäische Zentralbank, Europäische Kommission und Internationaler Währungsfonds) gegen das »kleine Volk« zu Beginn des 21. Jahrhunderts nichts ändern.

Doch weil alles in Bewegung ist, haben sich die Natur-, Geistes- und Gesellschaftswissenschaften seit dem 19. Jahrhundert weiterentwickelt. Über die politische Ökonomie schreibt Engels, sicherlich zum Unbehagen der »neuen Marx-Lektüre« im »Anti-Dühring«, sie könne »nicht dieselbe sein für alle Länder und für alle geschichtlichen Epochen... Die politische Ökonomie ist ... wesentlich eine historische Wissenschaft.« (MEW 20: 136) Sie hat sich auch paradigmatisch ökologischen Fragen und daher dem »Gesamtzusammenhang« öffnen müssen, und daher ist es heute sinnvoll, sich mit Engels' »Dialektik der Natur« aus dem späten 19. Jahrhundert zu beschäftigen, nicht zuletzt auch, um das kenntnislose Urteil über den unterstellten Produktivkraft-Fetischismus des Marxismus zu korrigieren und die Einseitigkeiten der »neuen Marx-Lektüre« zu vermeiden.

5. Das Naturverhältnis ist ein Herrschaftsverhältnis

Die Menschen haben sich seit der Neolithischen Revolution, seitdem sie also vor etwa 8.500 Jahren zu sesshaften Landwirten wurden, immer schon die Erde untertan gemacht, und mit der Herrschaft über die Erde haben sie immer auch Herrschaft über lebendige Wesen und daher auch über Menschen ausgeübt. Möglich wurde dies nicht erst durch das biblische Gebot, sondern durch die »Vernunftbegabung«, die die Menschen vor anderen Lebewesen auszeichnet. Dies ist auch Engels' Auffassung in seiner Schrift über die »Menschwerdung des Affen« (MEW 20: 444ff., in diesem Band S. 169ff.). Die Kulturen und Zivilisationen der vergangenen Jahrtausende waren immer herrschaftliche Zivilisationen. Insofern ist es heute keine überraschende Entdeckung, dass das gesellschaftliche Naturverhältnis auch ein Herrschaftsverhältnis ist (Brand 2014). Das ist seit der Entstehung des Kapitalismus und erst recht seit der von Marx so bezeichneten »reellen Subsumtion« der Arbeit (und der Natur) unter das Kapital im Zuge der industriell-fossilen Revolution noch intensiviert worden. Denn die Vernunft ist in jene »Rationalität der Weltbeherrschung« verwandelt worden, die das Kapitalverhältnis »begeistet« und mit Hilfe der fossilen Energieträger noch dazu »befeuert«. Nun ist das Herrschaftsverhältnis nicht mehr in erster Linie persönlich und ideologisch, sondern in den industriellen Technostrukturen eingeschrieben, die das gesellschaftliche Naturverhältnis entgegen aller romantischen Nostalgie als eine kapitalistische Veranstaltung bestimmen und die Ideologie zum harten Sachzwang befördern. Die Vernunft ist kapitalistisch und die Signale des Marktes im Kapitalismus sind der unbezweifelbare Ausdruck alternativloser, daher auch monotheistischer Rationalität. Wer einer anderen als der obwaltenden Rationalität folgt, wird bestraft.

Es gibt zwar keine »außerordentliche Vielfalt von Naturen« zur politischen, vielleicht auch marktgesteuerten Auswahl, sondern viele Naturen (diachron) in geschichtlicher Zeit und (synchron) im geografischen Raum, jeweils produziert durch Naturprozesse, in die der Mensch mit seiner gesellschaftlichen Praxis eingreift. Die Menschen machen nicht nur ihre eigene Menschengeschichte. Sie sind wie alle anderen Lebewesen auch Teil der Naturgeschichte und in deren Gestaltung involviert. Im Unterschied zu allen anderen Lebewesen machen sie ihre Geschichte bewusst, aber mit nicht absichtsvollen Resultaten absichtsgeleiteten Handelns. Die verbreitete binäre Konstruktion von Natur/Umwelt und Ökonomie/Gesellschaft, darauf hat auch Karl-Hermann Tjaden (Tjaden 1990; 2011) aufmerksam gemacht, ist also nicht angemessen. Gesellschaft und Natur sind keine voneinander eindeutig geschiedenen Bereiche, sie hängen zusammen, sie sind das »gesellschaftliche Naturverhältnis«, das es »dialektisch«, so Engels in der »Skizze des Gesamtplans« seiner Schrift, in der »Wissenschaft des Gesamtzusammenhangs« (MEW 20: 307) zu entschlüsseln gilt. Das »allgemeine Gesetz der Natur-, Gesellschafts- und Denkentwicklung zum erstenmal in seiner allgemein geltenden Form ausgesprochen zu haben, das bleibt ... immer (Hegels) weltgeschichtliche Tat«, vermerkt Engels anerkennend respektvoll (MEW 20: 353). Wie andere »Riesen an Denkkraft« (ebd.) war er Unruhegeist, auch wenn er sich mit der politischen Macht in Preußen arrangierte. Dialektiker sind immer auf der Suche nach etwas Neuem, angezogen von Gegensätzen, ohne deren Widerstreit das Neue nicht entstehen könnte.

Doch fliegt einem das nicht zu. Es muss durch wissenschaftliche Arbeit angeeignet werden. Daher hat sich Engels den großen Entdeckungen des 19. Jahrhunderts in allen naturwissenschaftlichen Disziplinen, in der Mathematik, Chemie, Physik, Biologie etc. zugewandt.

Die Erfahrungswelt der aufstrebenden Industrie in England, später auch in Frankreich, Deutschland und in den USA und noch später auch auf anderen »neoeuropäisch« kolonisierten Kontinenten (Crosby 1991) war bestärkender materiell-historischer Hintergrund von »Hegels weltgeschichtlicher Tat«. Das sehen auch moderne Sozialökologen oder die Vertreter des Konzepts der »gesellschaftlichen Naturverhältnisse« (Görg 2003; Brand/Görg 2003) nicht grundsätzlich anders, verstehen dabei aber den »Gesamtzusammenhang« von Gesellschaft und Natur vornehmlich als eine »gesellschaftliche Überformung« der zwar materiell existenten Natur, der auch »eine gewisse Eigenständigkeit« zugestanden wird, die sich nicht »beliebig« (re)produzieren lässt (vgl. Dietz/Wissen 2009: 360f.). Doch haben die Restriktionen der Natur geringere Bedeutung und eine begrenztere Wirkung als soziale und politische Restriktionen. Das von Engels ausgesprochene Gebot, Physikalisches und Ökonomisches nicht zu vermengen, kann also auch dahingehend optimistisch interpretiert werden, dass gesellschaftliche Naturverhältnisse politisch reguliert werden und »ökologische Krisen« bewältigt werden können. Das könne Chancen einer Politisierung der gesellschaftlichen Naturverhältnisse durch soziale Bewegungen eröffnen. Mit angemessener Regulation können innerhalb des Kapitalismus Naturschutzfunktionen wahrgenommen, der Kapitalismus kann sogar »grün« transformiert werden (ebd.). Der »Schutz der Natur«, so schreibt auch Christoph Görg, »findet nicht mehr im Kontrast zu Formen ihrer kapitalistischen Nutzung statt, sondern als ein inhärentes Element ihrer Inwertsetzung« (Görg 2003: 286). Der gesellschaftliche Gesamtzusammenhang und seine prozessierenden Widersprüche sind also mit dem Ziel des »Schutzes der Natur« rational und gemäß ökologischen Gegebenheiten und Notwendigkeiten gestaltbar. Doch wie weit geht das unter den formspezifischen Bedingungen der kapitalistischen Gesellschaft im industriellen Zeitalter, in dem Kipppunkte von Ökosystemen nicht mehr in weiter Ferne, sondern in beängstigender Nähe sind? Das ergibt sich etwa aus den Analysen von Rockström u.a. (2009) oder von Ehrlich und Ehrlich (2013) oder Bardi (2013) und vieler anderer. Dann ist tatsächlich die Alternative »Kapitalismus oder das Klima« die Frage, die schon Georg Lukács bei der Diskussion der abweisenden Haltung Eduard Bernsteins gegenüber Engels' »Dialektik der Natur« aufgeworfen hat. Er hat sie auch als kritischen Reflex der reformistischen Positionen Eduard Bernsteins formuliert, als sozusagen »rote« Reformismuskritik, die heute als »grüne Reformismuskritik« fortentwickelt werden müsste.

Dass die Materialität biophysischer Prozesse und deren Bedeutung für die Dynamik des historischen Kapitalismus ohne zureichende Begründung als weniger wichtig denn die sich historisch ändernde gesellschaftliche oder politische *Regulation* des Naturverhältnisses unterstellt wird, kritisiert an der Konzeption eines »grün« geschönten Kapitalismus auch Birgit Mahnkopf (2013). Welche nicht beabsichtigten Nebenwirkungen gibt es und können sie nicht unter bestimmten historischen Bedingungen das Herrschaftsverhältnis transformistisch bestärken? Mit diesem von Antonio Gramsci entlehnten Begriff wird die Fähigkeit der herrschenden Klassen oder Eliten bezeichnet, die Potenziale einer revolutionären Umwälzung so in Modernisierungsprojekte umzulenken, dass die Herrschaft erneuert und stabilisiert anstatt geschwächt wird. Umgekehrt verweist der Begriff auf die Unfähigkeit oder auf die Schwierigkeiten progressiver Kräfte, die eingeleiteten Transformationsprojekte so zu gestalten, dass die Matrix der ökonomischen und politischen Macht, letztlich der gesellschaftlichen Hegemonie zu ihren Gunsten verändert wird.

Der dialektische Gesamtzusammenhang von Natur und Gesellschaft hat eine Qualität, die dem rationalisierenden Zugriff nicht zugänglich ist. »Die Natur existiert unabhängig von aller Philosophie; sie ist die Grundlage, auf der wir Menschen, selbst Naturprodukte, erwachsen sind; außer der Natur und den Menschen existiert nichts...«, schreibt Engels im »Anti-Dühring« (MEW 21: 272). Doch ist die Art und Weise, wie Fleisch oder Korn zubereitet, das Holz geschreinert, der PC programmiert und der Text geschrieben wird, von Kultur und Gesellschaft und von der bewussten Absicht und der Praxis abhängig, die sie in die Wirklichkeit umsetzt und dabei Gesellschaft und Natur, und nicht zuletzt das handelnde Subjekt selbst verändert.

Doch heute müssen wir auf dem historischen Stand des Naturverbrauchs zu Beginn des 21. Jahrhunderts fragen, ob wir nicht durch das menschliche Alltagshandeln und die Dynamik der Kapitalakkumulation die Naturbedingungen so nahe an deren Kipppunkte getrieben haben, dass der in der »Dialektik der Natur« konstatierte qualitative Wandel des Systems unvermeidlich ist.

Auch das »Weltganze« ist daher, so der »Arbeiterphilosoph« Joseph Dietzgen, ein von Marx und Engels hoch geschätzter Zeitgenosse, alles andere als »»ein Haufen unorganisierter Stücke, sondern ein lebendiger Prozeß, der nicht nur in seinen Teilen, der auch als Ganzes erkannt sein will. Ob aus der Milchstraße Sterne, aus den Sternen erdähnliche Weltkörper werden, auf denen sich Pflanzen, Tiere und Vernunftwesen entwickeln, mag einstweilen dahingestellt und noch weiter zu erforschen sein; evident ist: daß überhaupt eine Entwicklung vor sich geht, daß die ganze Natur prozessiert, daß die Welt ein Ganzes ist, ohne Ende, das aus endlichen Stücken besteht; ein Kommen und Gehen, ein ewiges Verändern, das immer sich selbst gleich und dieselbe Welt ist und bleibt.‹ Das einen derartigen Begriff des Weltganzen ermöglichende Denken nennt Dietzgen eine ›dialektische Kunst oder Logik‹.« (Jäckel 1993: 203) So zeigt sich auch, dass dialektisches Denken notwendig ist, um die Brüche, mit denen wir es auf den Entwicklungsbahnen zu tun haben, auf die wir uns selbst begeben haben, begreifen und evtl. reparieren oder, wenn Reparaturen ausgeschlossen sind, durch Systemänderungen beheben zu können.

Doch einfach ist das nicht, denn die Welt besteht aus vielen besonderen Teilen, die aber immer wieder ein Allgemeines, ein »einheitliches System«, ein »zusammenhängendes Ganzes« bilden, so Engels. Und er fährt fort, dass dies wohl klar sei, »aber die Erkenntnis dieses Systems setzt die Erkenntnis der *ganzen* Natur und Geschichte voraus, die die Menschen *nie* erreichen«. Denn die Worte von Dietzgen weisen in eine Richtung, die etwa 100 Jahre später von Lynn Margulis und James Lovelock mit der »Gaia-Hypothese« eingeschlagen worden ist: den Planeten Erde als lebendiges und homöostatisches System zu interpretieren. Doch, so wieder Engels, »wer … Systeme macht, muß die zahllosen Lücken durch *eigne Erfindung* ausfüllen, d.h. *irrationell* phantasieren, ideologisieren…« (MEW 20: 574, hervorgehoben von Engels).

Gaia, die Erde und ihre Systeme bleiben zwar nur teilweise erkannt, aber der »Gesamtzusammenhang« wird dennoch von Menschen herrschaftlich gestaltet, dem Bild entsprechend, das sie sich davon machen. Zumeist ist das Bild ein Zerrbild, schon wegen des von Marx untersuchten Fetischcharakters der Formen, in denen das kapitalistische Wirtschaftssystem existiert. Auch Tiere, so schreibt Engels in der »Dialektik der Natur«, produzieren,

»aber ihre produktive Einwirkung auf die umgebende Natur ist dieser gegenüber gleich Null. Nur der Mensch hat es fertiggebracht, der Natur seinen Stempel aufzudrücken, indem er nicht nur Pflanzen und Tiere versetzte, sondern auch den Aspekt, das Klima seines Wohnorts, ja die Pflanzen und Tiere selbst so veränderte, daß die Folgen seiner Tätigkeit nur mit dem allgemeinen Absterben des Erdballs verschwinden können.« (MEW 20: 322f.) Das ist schon eine Vorahnung von der genetischen Modifikation der Organismen und des Klima-engineering mithilfe von »Radiation Management« (RM) und »Carbon Capturing and Storage« (CCS), auch wenn dieses noch nicht als den gesamten Erdkreis betreffendes Geo-engineering gedacht, sondern fast idyllisch auf den »Wohnort« beschränkt wird. Jedenfalls ist die Reichweite des menschlichen Tuns in der industrialisierten kapitalistischen Gesellschaft groß genug, um das »allgemeine Absterben des Erdballs« (ebd.) als nicht zu überbietenden Höhepunkt des Kapitalozän zu inszenieren.

Die Steigerung der Produktivkräfte in der »Großen Industrie«...

In das späte 18. und frühe 19. Jahrhundert fällt die Geburt der von Marx so bezeichneten und gründlich (im 13. Kapitel des ersten Bandes des »Kapital«, MEW 23: 391ff.) analysierten »Großen Industrie«, des Maschinenzeitalters (dazu vgl. Müller 1992). Die industrielle Revolution schritt seit den 1870er Jahren mehr und mehr voran zur Nutzung der elektrischen Energie, welche die Triebkraft des so genannten dritten Kondratieff-Zyklus seit dem letzten Drittel des 19. Jahrhunderts wurde, nach der ersten »langen Welle« von Dampfmaschine und Textilindustrie im ausgehenden 18. Jahrhundert und der zweiten »langen Welle« von Stahl und Eisenbahnbau in der ersten Hälfte des 19. Jahrhunderts (zu den langen Wellen vgl. beispielsweise Mandel 1983). Engels widmete sich also auch dem Studium der Elektrizität, allerdings weniger unter dem Aspekt ihrer Folgen für den kapitalistischen Akkumulationsprozess als für die Dialektik der Naturerkenntnis. Denn ihm war klar, dass die sozialwissenschaftliche Analyse ohne naturwissenschaftliche Expertise angesichts der industriellen Revolution nur eine halbe Sache ist, dass die Naturwissenschaften aber nicht ohne Theorie, nicht ohne Dialektik auskommen. Nicht nur der ökonomische Apparat wird zur Industrie umgewälzt, auch das System der wissenschaftlichen Erkenntnisse verändert sich grundlegend seit der Heraufkunft der Industriegesellschaft.

Die theoretische Grundlegung ist sein Interesse, weniger die praktische Anwendung. Aber Engels erkennt auch die umwälzende Bedeutung der Elektrizität als einer neuen Energieform, die aus chemisch gebundener oder kinetischer Energie gewonnen werden kann.

»Wir leben in Natur und Gesellschaft« (MEW 21: 280), schreibt Engels. Das sind daher die »Komponenten, durch die wir leben, weben und sind« (MEW 39: 63), und beide bedingen sich, auch und erst recht in der Epoche der Industrie (MEW 3: 18; 43f.). Dies wird von Karl Marx schon in den ökonomisch-philosophischen Manuskripten aus dem Jahre 1844 ebenfalls und nicht erst im »Kapital« hervorgehoben: »Nur wenn die Wissenschaft von der Natur ausgeht ist sie wirkliche Wissenschaft«, heißt es dort. Die ausführliche Begründung verweist auf die menschliche Geschichte, auf den »Entstehungsakt der menschlichen Gesellschaft... (Die) werdende Natur ist die *wirkliche* Natur des Menschen, darum die Natur, wie sie durch die Industrie, wenn auch in *entfremdeter* Gestalt wird, die wahre *anthropologische* Natur ist… Nur, wenn sie von ihr, in der doppelten Gestalt sowohl des *sinnlichen* Bewußtseins als des *sinnlichen* Bedürfnisses, ausgeht – also nur wenn die Wissenschaft von der Natur ausgeht –, ist sie wirkliche Wissenschaft… Die Geschichte selbst ist ein *wirklicher* Teil der *Naturgeschichte*, des Werdens der Natur zum Menschen. Die Naturwissenschaft wird später ebensowohl die Wissenschaft von dem Menschen wie die Wissenschaft von dem Menschen die Naturwissenschaft unter sich subsumieren: es wird *eine* Wissenschaft sein… Die *Naturwissenschaften* haben eine enorme Tätigkeit entwickelt und sich ein stets wachsendes Material angeeignet. Die Philosophie ist ihnen indessen ebenso fremd geblieben, wie sie der Philosophie fremd blieben. Die momentane Vereinigung war nur eine *phantastische Illusion*. Der Wille war da, aber das Vermögen fehlte. Die Geschichtsschreibung selbst nimmt auf die Naturwissenschaft nur beiläufig Rücksicht, als Moment der Aufklärung, Nützlichkeit, einzelner großer Entdeckungen. Aber desto *praktischer* hat die Naturwissenschaft vermittelst der Industrie in das menschliche Leben eingegriffen und es umgestaltet und die menschliche Emanzipation vorbereitet, sosehr sie unmittelbar die Entmenschung vervollständigen mußte. Die *Industrie* ist das *wirkliche* geschichtliche Verhältnis der Natur und daher der Naturwissenschaft zum Menschen.« (MEW 40/Ergänzungsband I: 543f., hervorgehoben von Marx)

Dass es die Trennung von Sozial-, Geistes- und Naturwissenschaften gibt, ist also ihrem noch nicht voll entwickelten Zustand geschuldet. »Später« wird das anders sein. Dieser spätere Zustand ist aber im gegenwärtigen bereits angelegt, und hauptverantwortlich dafür, dass der gegenwärtige Zustand überwunden werden kann, sind die Industrie und die mit ihr aufkommenden Naturwissenschaften neben der Philosophie. Damit hat Marx, und Engels folgt ihm dabei, einen historischen Bruchpunkt von großer Tragweite bezeichnet. Dabei darf allerdings nicht übersehen werden, dass die Spezialisierung der Wissenschaften gleichzeitig einen nicht unbeträchtlichen Erkenntnisfortschritt gebracht hat und Ausdrucksform der »Entbettung« der Wissenschaften aus dem gesellschaftlichen und natürlichen »Gesamtzusammenhang« ist. Die Schwierigkeit besteht darin, die ungute Entbettung zu überwinden, ohne die durch Spezialisierung erreichten Fortschritte aufgeben zu müssen.

Denn erstens ermöglichen die neuen Wissenschaften den sprunghaften Fortschritt der Produktivkräfte des Maschinensystems und in der Folge eine beträchtliche Steigerung der Produktivität der Arbeit. Diese hat ihren Ausgangspunkt, wie Marx zeigt, bei der Werkzeugmaschine (MEW 23: 391ff.). Dadurch ergibt sich die Möglichkeit, nicht nur den Mehrwert absolut durch Zunahme der Zahl der Arbeitsbevölkerung und Ausdehnung der Arbeitszeit zu steigern. Das geschah natürlich und geschieht auch heute noch überall auf Erden, wo der Widerstand gegen die Aneignung fremder Zeit nur gering ist. Das ist das Thema von Dietmar Daht in seinem Buch über den »Klassenkampf im Dunkeln« (Daht 2014); er verfehlt das Thema allerdings, weil er nicht berücksichtigt, dass seit der industriellen Revolution vor allem »relativer Mehrwert« produziert wird.

Die notwendige Arbeitszeit zur Reproduktion der Arbeitskraft wird infolge der seit der industriellen Revolution gestiegenen Produktivität verkürzt. Also bleibt Zeit für Muße und Bildung, für politische Arbeit, für die Familie – oder für mehr Arbeit in der Fabrik, um mehr Produkte und mehr Mehrwert für den Kapitalisten zu erzeugen. Hier zeigt sich, was es bedeutet, dass das gesellschaftliche Naturverhältnis durch das Kapital formbestimmt und dieses ein Herrschaftsverhältnis ist. Denn im Kampf um die Produktivitätsgewinne obsiegt zumeist das Kapital und die emanzipatorischen Potenziale des Produktivitätsfortschritts bleiben ungenutzt oder sie werden zurückgedrängt und, sofern sie an die Oberfläche der gesellschaftlichen Aufmerksamkeit drängen, gedeckt. Das ist mithilfe der fetischistischen Wahrnehmungsformen des Umgangs mit der Natur, im Rahmen der tradierten und »von Gott gegeben« erscheinenden gesellschaftlichen Lebens- und Arbeitsformen und in dem Käfig der Herrschaftsverhältnisse, die nach außen Schutz und nach innen Sicherheit versprechen, nicht schwieriger als mit der Welle zu reiten. Die industrielle Revolution kommt also mit der historischen Strömung leicht voran.

Die Geschichte der Natur ebenso wie die der Gesellschaft muss in ihrer »horizontalen«, synchronen und daher räumlich gegliederten Vielfalt ebenso wie in ihrem »vertikalen«, diachronen historischen Wandel in der Zeit begriffen werden. Engels kritisiert in den »Notizen und Fragmenten« an den Naturwissenschaften, dass ihnen die Natur überhaupt nicht für etwas galt, »das sich historisch entwickelt, das seine Geschichte in der Zeit hat; bloß die Ausdehnung im Raum kam in Betracht; nicht nacheinander, nur nebeneinander waren die verschiedenen Formen gruppiert worden; die Naturgeschichte galt für alle Zeiten, wie die Ellipsenbahnen der Planeten…« (MEW 20: 465) Auch die Geschichte der Natur verläuft nicht linear, nicht ohne Krisen, Brüche, sondern evolutionär wie die Entwicklung der Arten. Daraus resultiert das Interesse sowohl von Engels als auch von Marx an der Theorie und an den Untersuchungen von Charles Darwin. Marx und Engels schreiben in der »Deutschen Ideologie«: »Wir kennen nur eine einzige Wissenschaft, die Wissenschaft der Geschichte. Die Geschichte kann von zwei Seiten aus betrachtet, in die Geschichte der Natur und die Geschichte der Menschen abgeteilt werden. Beide Seiten sind indes nicht zu trennen; solange Menschen existieren, bedingen sich Geschichte der Natur und Geschichte der Menschen gegenseitig.« (MEW 3: 18)

Engels distanziert sich aber von Darwins Lehre vom »Kampf ums Dasein«. Er wirft ihr vor, eine einfache Übertragung der »Hobbesschen Lehre vom bellum omnium contra omnes und der bürgerlichen ökonomischen Theorie von der Konkurrenz, sowie der Malthusschen Bevölkerungslehre aus der Gesellschaft in die belebte Natur« (MEW 20: 565) zu sein. Um den Gesamtzusammenhang von Gesellschaft und Naturentwicklung zu verstehen, müssen also Natur und Gesellschaft angemessen mit den geeigneten Kategorien und mit Respekt vor den disziplinären Unterschieden analysiert werden und diese dürfen nicht vermischt werden, weil sie dadurch unbrauchbar werden können.

Engels erkannte ebenso wie Marx die negativen Wirkungen der kapitalistischen Entwicklung seiner Zeit auf die Natur, auf die Gesellschaft und auf die Lebens- und Arbeitsbedingungen der Arbeiterklasse. Dabei war ihm die Unterschiedlichkeit der Wirkungen auf Arm und Reich und auf die Geschlechter sehr bewusst. Schon mit jungen Jahren schrieb er 1844 über die Lage der arbeitenden Klasse in England. Herausgekommen ist eine mitreißende Anklageschrift gegen die verheerenden ökonomischen, ökologischen und sozialen Begleiterscheinungen der Akkumulation des Kapitals in der sich herausbildenden Industriegesellschaft (MEW 2: 227-650). Tristram Hunt verweist darauf, dass Engels seit frühester Kindheit in Wuppertal »den beißenden Geruch von Fabriken und Bleichplätzen in der Nase hatte«, und dass er dem »Hexengebräu der Industrialisierung« ausgesetzt war und die »Umweltverschmutzung ... die Augen tränen und die Nase bluten ließ« (Hunt 2013: 23).

Die Erfahrungen in Wuppertal konnte Engels in Manchester und anderen Fabrikstädten Mittelenglands und Wales' erneut machen. Das Kapital ist zwar ein substanzloses gesellschaftliches

Verhältnis der Ausbeutung der Arbeiterklasse und der Herrschaft des Kapitals. Aber es kann sich niemals gänzlich lösen von den konkreten Bedingungen der Ausbeutung, von sozialen Bindungen und aus den natürlichen Verhältnissen, die kapitalistisch seit der so genannten Moderne, seit der von Marx so bezeichneten »ursprünglichen Akkumulation« des Kapitals geformt werden. Es ist auch wichtig zu begreifen, dass die Verhältnisse sich in Raum und Zeit verändern und dass die Veränderungen wegen des Entropiegesetzes, auf das sich auch Engels in »Notizen und Fragmente« bezieht (MEW 20: 544ff.), irreversibel sind. Die Zeit ist daher gerichtet, und es wiederholt sich nichts.

Das gilt auch für das Kapitalverhältnis. Es hat einen von Marx als »Springpunkt« der Analyse entdeckten doppelten Charakter. Es ist als soziales Verhältnis, als Wertverhältnis substanzlos und zugleich stofflich-sinnlich; es vermittelt Beziehungen zwischen menschlichen Bedürfnissen und produzierten Gebrauchswerten. Es könnten Wertbildung und Verwertung von Kapital gar nicht geschehen, wenn nicht aus der Natur Nahrung für die Arbeitskraft, Ressourcen für Produktion und Akkumulation geschöpft und wenn nicht die Gesetze der Natur intelligent zur Naturumformung angewendet würden. Und es hat zerstörerische Folgen für Mensch, Gesellschaft und Natur, denn alle Abfälle, Abgase, Abwässer verbleiben in den Sphären der Erdkugel mit ihrer »begrenzten Kugelfläche«, wie Immanuel Kant bereits 1795 hervorgehoben hatte.

Die Entropie steigt im Verlauf der Naturumformungen. Auf begrenzter Kugelfläche ist alles endlich, und die Endlichkeit hat im 21. Jahrhundert moderne Ausdrucksformen als »Peak Oil« oder »Peak everything« (Heinberg 2007). Nicht nur die Ressourcen sind begrenzt verfügbar, auch die Tragfähigkeit von Ökosystemen ist begrenzt und wird z.B. in internationalen Klimaverhandlungen beraten, um die zulässigen Mengen von CO_2-Emissionen festzulegen. Sie findet ihren Ausdruck im »ökologischen Fußabdruck«, der misst, wie viel von der begrenzten Natur des Planeten Erde einzelne Menschen oder einzelne Nationen im Vergleich zu anderen verbrauchen. Man kann nicht mehr aus »dem Vollen schöpfen«. Die Erde ist kein Füllhorn.

Das eigentlich substanzlose gesellschaftliche Verhältnis zur Natur wird zu einem Sachzwang der gesellschaftlichen Praxis. Sie kann in Widerspruch zu den Reproduktionsbedingungen von Natur und Gesellschaft und daher damit in Konflikt geraten. In den theoretischen Konzeptionen der Kapitalismusanalyse hat dies zur Folge, dass die Tauschabstraktion die Schriften der Theoretiker der Wertform füllt. Der Tausch findet aber konkret auf dem Marktplatz, heute auch virtuell auf einer Plattform des Internets statt. Was da getauscht wird, muss jedoch produziert worden sein oder zu späterem Termin produziert werden, selbst wenn der Tauschvorgang virtuell erfolgt. Dazu muss Arbeit geleistet und Natur umgeformt werden und zwar unter den vom Kapital gesetzten Bedingungen, die aber das Naturgesetz der Entropiesteigerung nicht aushebeln können.

Karl Polanyi hat im Jahre 1944 die Herrschaft des Kapitals als Entbettung des Marktes aus der Gesellschaft und der Natur beschrieben und die Folgen der Entbettung als Ruinierung der Ware Arbeitskraft, der Natur als Ware und des Geldes, wenn dieses auch zur Ware wird, hervorgehoben. Er hat freilich auch darauf hingewiesen und ist damit sowohl über die ökonomische als auch die naturwissenschaftliche Analyse hinausgegangen, dass gesellschaftliche Bewegungen sich gegen die Zerstörung von Arbeitskraft durch deren Ausbeutung und Natur durch deren Überlastung zur Wehr setzen (vgl. Polanyi 1978). Die Arbeiterbewegung erkämpft sozialstaatlichen Schutz gegen die Zerstörung des Arbeitsvermögens, der einzigen Ware, die die Arbeiterklasse auf dem Markt zu verkaufen vermag. Später entsteht auch eine Umweltbewegung zum Schutz der Natur. Der Schutz des Geldes gegen seine Entwertung wird zwar nicht durch soziale Ein-Punkt-Bewegungen erzwungen, wohl aber durch soziale und politische Unruhen beispielsweise wenn das Geld des Marktes entwertet wird, oder wenn Schulden eine untragbare Größenordnung erreichen. Dann werden Regelwerke veranlasst, die im allgemeinen Interesse institutionalisiert werden. Dafür sorgen die Nationalstaaten oder wie in der EU Staatenbündnisse.

Diese Gegentendenzen und -bewegungen gegen die Entbettung des Marktes aus der Gesellschaft und Natur, gegen die Freisetzung der substanzlosen und daher auch gegen Natur und Gesellschaft rücksichtslosen Logik des Kapitalverhältnisses erinnern mit Nachdruck daran, dass ökonomische Prozesse nicht in substanzloser Leere, sondern in Gesellschaft und Natur stattfinden. Das ist der Grund dafür, dass Marx den Doppelcharakter der Arbeit (und letztlich aller ökonomischen Prozesse) als »Springpunkt« der Kritik der politischen Ökonomie erklärt und diesen auch strategisch-politisch ins Zentrum rückt. So schreibt Marx strategisch gegen das sozialdemokratische Gothaer Parteiprogramm von 1875, in dem als Quelle des Reichtums nur die Arbeit erwähnt, die Natur aber ignoriert wird: »Die Arbeit ist nicht die Quelle allen Reichtums. Die Natur ist ebensosehr die Quelle der Gebrauchswerte (und aus solchen besteht doch wohl der sachliche Reichtum!) als die Arbeit, die selbst nur die Äußerung einer Naturkraft ist, der menschlichen Arbeitskraft.« (MEW 19: 15) Wenn die Natur vergessen wird, werden die Ausbeutungs- und Herrschaftsverhältnisse dunkel. Die gesellschaftlichen Naturverhältnisse geraten in einen toten Winkel oder in eine verzerrende Perspektive.

Diese strategisch-politische Kritik aus dem Jahr 1875 hat Marx schon in den 1840er Jahren in den »ökonomisch-philosophischen Manuskripten« vorbereitet, wo es heißt: »Betrachten wir nun näher die Vergegenständlichung, die Produktion des Arbeiters und in ihr die Entfremdung, den Verlust des Gegenstandes, seines Produkts. Der Arbeiter kann nichts schaffen ohne die Natur, ohne die sinnliche Außenwelt. Sie ist der Stoff, an welchem sich seine Arbeit verwirklicht, in welchem sie tätig ist, aus welchem und mittelst welchem sie produziert. | Wie aber die Natur [die] Lebensmittel der Arbeit darbietet, in dem Sinn, daß die Arbeit nicht leben kann ohne Gegenstände, an denen sie ausgeübt wird, so bietet sie andrerseits auch d[ie] Lebensmittel in dem engern Sinn dar, nämlich die Mittel der physischen Subsistenz des Arbeiters selbst. | Je mehr also der Arbeiter die Außenwelt, die sinnliche Natur, durch seine Arbeit sich aneignet, um so mehr entzieht er sich Lebensmittel nach der doppelten Seite hin, erstens, daß immer mehr die sinnliche Außenwelt aufhört, ein seiner Arbeit angehöriger Gegenstand, ein Lebensmittel seiner Arbeit zu sein; zweitens, daß sie immer mehr aufhört, Lebensmittel im unmittelbaren Sinn, Mittel für die physische Subsistenz des Arbeiters zu sein. | Nach dieser doppelten Seite hin wird der Arbeiter also ein Knecht seines Gegenstandes, erstens, daß er einen Gegenstand der Arbeit, d.h., daß er Arbeit erhält, und zweitens, daß er Subsistenzmittel erhält. Erstens also, daß er als Arbeiter, und zweitens, daß er als physisches Subjekt existieren kann. Die Spitze dieser Knechtschaft ist, daß er nur mehr als Arbeiter sich als physisches Subjekt erhalten [kann] und nur mehr als physisches Subjekt Arbeiter ist.« (MEW 40: 512f.)

Was dies lebensweltlich für die arbeitenden Menschen im England der ersten Hälfte des 19. Jahrhunderts bedeutet und wie sich die Naturgeschichte als Industriegeschichte darstellt, hat Engels in der »Lage der arbeitenden Klasse in England« dargestellt. Heute wird auf dem Hintergrund des historischen Wissens über die unsäglichen Arbeits- und Lebensbedingungen im Manchesterkapitalismus, und nach Lektüre der Romane von Charles Dickens und Émile Zola, Engels' Analyse sogar von der UNESCO als »Meisterstück ökologischer Analyse« bezeichnet (so heißt es jedenfalls im Wikipedia-Eintrag: Die Lage der arbeitenden Klasse in England, abgerufen im November 2014). Wohlgemerkt: nicht ökonomischer oder sozialer, sondern »ökologischer Analyse«.

… bei verdunkelter Sonne und elektrischem Licht

Tatsächlich beschreibt Engels in der 1844/45 verfassten Schrift die Arbeits- und Lebensbedingungen der britischen Arbeiterklasse seiner Epoche, und diese sind durch (im engeren Sinne: ökonomische) Markt- und Geldverhältnisse (Löhne und andere die Einkommen bestimmende Faktoren, darunter auch die von den Kapitalisten eingeführten Strafen, die den Arbeiterinnen und Arbeitern für alle möglichen schikanös definierte Vergehen aufgebrummt wurden), durch (politische und soziale) Herrschafts- und Machtverhältnisse, aber auch und insbesondere durch die (ökologischen) Naturverhältnisse gekennzeichnet. Diese umfassen die biotische und abiotische Umwelt der Geosphäre, aus der Nahrung, Energie und Stoffe zur Erhaltung des menschlichen Lebens entnommen werden. In deren Rahmen werden auch die

Verhältnisse zu den vorangegangenen und zu den nachfolgenden Generationen, zu den Alten und zu den Kindern geregelt. Sie dienen auch dazu, die Anthroposphäre von Gesellschaft, Ökonomie, Politik und Kultur mit den notwendigen Stoffen und Energien aus der Natur zu versorgen.

Das »substanzlose« Kapitalverhältnis ist also ein soziales, ökonomisches und politisches Geschlechter- und Herrschaftsverhältnis und löst so oder so gesellschaftliche Entwicklungen ebenso wie Transformationen in der Natur aus; es gehört zum Stoffwechsel des jeweils historischen gesellschaftlichen Naturverhältnisses. Die Substanzen werden dorthin kanalisiert, wo sie für das Überleben wichtig sind, aber auch dahin, wo mit ihnen die beste Verwertung des Kapitals, die höchste Profitrate, eine Steigerung der Akkumulation, gar eine »Wachstumsbeschleunigung« erzielt werden kann. Diese Zwecksetzungen stehen in Widerspruch zueinander. Widersprüche sind, wie Marx und Engels häufig betonen, prozessierend, d.h. sie bringen ihre jeweiligen Lösungen vorübergehend hervor und treiben so die kapitalistische Akkumulationsdynamik an.

Auf diese Weise kam in der zweiten Hälfte des 18. Jahrhunderts auch die Transformation des Energiesystems, der Übergang zu den fossilen Energieträgern zustande. Das war die Bedingung der industriellen Revolution zur gleichen Zeit. Die industrielle Revolution war also zugleich eine energetische, die fossile Revolution. Dass sie auch eine Serie von sozialen und politischen Revolutionen einschloss oder auslöste, war ihrem systemischen Charakter geschuldet: dass es nämlich ein dialektischer Gesamtzusammenhang war, der da in dieser Transformation umgewälzt wurde, mit ökonomischen Formveränderungen, sozialem Wandel, politischen Konvulsionen und Revolutionen und mit Veränderungen der Natur.

Vor der industriell-fossilen Revolution stammte nahezu alle Energie, die den Lebensprozess auf Erden möglich machte und macht, von der Sonne. »Alle Energie, die jetzt auf der Erde tätig, verwandelte Sonnenwärme«, schreibt Engels in den Notizen und Fragmenten zur »Dialektik der Natur« (MEW 20: 513). Tag für Tag strahlt zwar eine enorme Energiemenge der Sonne auf Erden ein, nämlich ein Äquivalent von mehr als 4,2 x 10^{17} kJ freier Energie. Allerdings können Pflanzen durch den Prozess der Photosynthese nur etwa ein Prozent dieser Energie in Biomasse umwandeln und dies auch nur unter der Voraussetzung, dass genügend Wasser und Bodennährstoffe (insbesondere Stickstoff, Phosphor und Kalium) vorhanden sind. Dies setzt dem gesellschaftlichen Energiemetabolismus relativ enge Grenzen, die sich auch auf den gesellschaftlichen Formwandel auswirken.

Die Sonnenstrahlung entsteht durch Kernfusion auf der Sonne, im »Sicherheitsabstand« (Hermann Scheer) von 149.600.000 km zur Erde. Die Intensität der Sonneneinstrahlung beträgt an der Grenze der Erdatmosphäre etwa 1,367 kW/m². Ein Teil dieser als »Solarkonstante« bezeichneten eingestrahlten Energie wird von der Erdoberfläche und der Atmosphäre – von Wolken und hellen Flächen, von den Eisflächen an den Polen, von den Schneefeldern der Hochgebirge – reflektiert (der so genannte Albedo-Effekt), ein anderer Teil wird absorbiert und in Wärme umgewandelt. Nur etwa 165 W/m² der einstrahlenden Sonnenenergie erreichen die Erdoberfläche und treiben die Photosynthese an. 165 W/m² scheinen nicht viel zu sein. Doch ist die gesamte auf die Erdoberfläche treffende Energiemenge mehr als fünftausend mal größer als der derzeitige Energiebedarf der Menschheit für Produktion, Konsumtion, Mobilität etc. Das Problem besteht darin, dass die Flussenergie der strahlenden Sonne eine geringe Energiedichte aufweist und dass die Intensität der Strahlung je nach Tages- und Jahreszeit schwankt und in den verschiedenen Regionen des Planeten Erde ungleichmäßig ist.

Das sind Naturgrenzen, die eine ökonomische Nutzung der Sonne im Rhythmus der Kapitalverwertung und des Massenkonsums schwierig machen. Wenn sich die Wirtschaft an den solaren Rhythmus anpassen ließe und auf die Nutzung der erschöpflichen fossilen Ressourcen verzichtet würde, wäre das ewige (Wirtschafts-)Leben, angetrieben vom Energiestrom der Sonne, möglich. Es müsste aber, auf der gegenwärtigen technischen Basis, langsamer sein und mit geringeren ökonomischen Überschüssen oder ohne solche auskommen. Dem stehen jedoch die in aller Welt, forciert durch internationale Organisationen wie OECD oder IWF, entwickelten Programme einer »Wachstumsbeschleunigung« entgegen. Unter den gegebenen technischen und organisatorischen Bedingungen ist daher die Sonnenenergie weniger für die Energieversorgung im Kapitalozän geeignet als es die fossilen Energieträger Kohle, Öl und Gas sind.

Das perfekte Vehikel der Abkoppelung der Erde von der solaren Energieversorgung und deren Ersatz durch die energetischen »Bordmittel« aus der Erdkruste ist die Industrie. Das ist der Hintergrund, warum die Industrie gewinnt und die Landwirtschaft zum ersten Mal in der Menschheitsgeschichte an Gewicht verliert. Im beginnenden 21. Jahrhundert ist nur noch eine Minderheit von Menschen mit Ackerbau und Viehzucht beschäftigt. In den Industrieländern, die das Modell der Globalisierung vorexerzieren, sind es weniger als 5 %; in der EU arbeiten nur noch 1,8 % der Arbeitskräfte in der Landwirtschaft. Eric Hobsbawm (1995) bemerkt, dass die Klasse, die mit der Neolithischen Revolution aufkommt und als aktiver Träger vieler sozialer und politischer Revolutionen die Geschichte bis ins 20. Jahrhundert bestimmt hat, die Bauern nämlich, nun mehr und mehr von der Bühne verschwindet. Dort, wo agrarische Produktion in größerem Umfang betrieben wird, ist diese in aller Regel durchindustrialisiert, sodass sich inzwischen der unschöne Begriff der »Agroindustrie« eingeschlichen hat. Sie ist von den Saatgut-, Pestizid- und Düngemittel-Multis, von den Landmaschinen- und großen Nahrungsmittelkonzernen abhängig, welche die Agrarprodukte verarbeiten und vertreiben. Die Landwirtschaft ist subalterner Teil einer industriell beherrschten Produktionskette. Oder die Landwirtschaft wird degradiert zu einer Subsistenzökonomie, die billige Arbeitskräfte für die Industrie auf prekäre Weise bereitstellt und eine stetige Quelle der Emigration ist.

Die Welt des 20. und 21. Jahrhunderts ist gekennzeichnet durch eine Tendenz der »De-ruralisation« (Wallerstein 2009), die vor allem in der zweiten Hälfte des 20. Jahrhunderts dazu geführt hat, dass Menschen das Land fliehen und sich in ausufernden, also aus allen sozialen Traditionen, kulturellen Bindungen, politischen Regularien etc. »entbetteten« Städten wiederfinden. In China allein gibt es zu Beginn des 21. Jahrhunderts 169 Millionenstädte. Mike Davis analysiert die Auswüchse dieser allgemeinen Tendenz in der »Dritten Welt« (aber nicht nur dort) als Verwandlung der Erde in einen »planet of slums« (Davis 2007).

Für die frühen Phasen des Fabriksystems im 19. Jahrhundert ist die Mobilisierung der gewaltigen Rationalisierungspotenziale beim Übergang vom Manufaktursystem zur »großen Fabrik« entscheidend. Die technischen Neuerungen werden als technischer Fortschritt in die Produktionsmittel inkorporiert. Später erfassen sie auch die »lebendige Arbeit« durch die mit dem Namen F.W. Taylor verbundene »wissenschaftliche« Re-Organisation der Arbeit (vgl. dazu die immer noch wichtigen Ausführungen von Alfred Sohn-Rethel 1970). Dabei ist in Rechnung zu stellen, dass dieser sozialökonomische Prozess der »Verwissenschaftlichung« der industriellen Produktion immer auch ein Substitutionsprozess von Formen der Energie ist. Dies ist in den Sozialwissenschaften bis heute viel zu wenig beachtet. Auch dass in diesem Prozess des Ersatzes eines energetisch offenen Systems durch ein energetisch geschlossenes System sozusagen »die Sonne verdunkelt« worden ist (Altvater 2014a), wird selten in Ökonomie und Sozialwissenschaften als Problem erkannt.

Wie die thermodynamischen Hauptsätze darlegen, auf die sich auch Engels in der »Dialektik der Natur« bezieht, wird keine neue Energie geschaffen, wenn fossile Energieträger aus der Erde gefördert und dann verbrannt werden. Es werden Energiearten (endosomatische Körperkraft durch exosomatische Kräfte z.B. fossiler Energieträger) ersetzt, und zwar zum Zweck der Steigerung der Produktivität der Arbeit. Die Energie auf Erden, wenn man diese als System, als »Gesamtzusammenhang« begreift, bleibt zwar konstant. Doch wird dabei etwas in der gesamten Menschheitsgeschichte ökologisch Unerhörtes eingeleitet: Fossile Energieträger müssen zu ihrer Nutzung (Verwandlung in Arbeitsenergie) verbrannt werden. Dabei entstehen Verbrennungsprodukte, die Treibhausgase. Diese werden in der Atmosphäre der Erde deponiert, wo sie die Abstrahlung niedrigwelliger Wärme in den Weltraum herausfiltern und den inzwischen bekannten Treibhauseffekt auslösen. Sie bringen das irdische Klimasystem an den Rand des Kollapses und möglicherweise darüber hinaus.

Das Energiesystem der Erde, das ist die eigentliche kapitalistische Revolution, wird aus einem offenen in ein geschlossenes Energiesystem verwandelt. Die Energie, die das Leben ermöglicht, stammt zwar zu fast 100% von der externen Energiequelle Sonne; die Energie, die den kapitalistischen Akkumulationsprozess in seiner stofflichen Form als Arbeits- und Produktionsprozess antreibt, wird hingegen zum allergrößten Teil, nämlich auch in den kommenden Jahrzehnten zu 80% aus den Beständen fossiler Energieträger in der Erdkruste extrahiert, um dann zur Erzeugung von Arbeitsenergie verbrannt zu werden. Das Kuppelprodukt der Energieproduktion, die Treibhausgase, verbleiben (zumindest für 120 Jahre, so lang ist die Verweildauer) in der Erdatmosphäre. Da in dieses geschlossene System Erde Energie unaufhörlich einstrahlt, die Abstrahlung in den »kalten« Weltraum aber von dem Filter der Treibhausgase gebremst wird, steigt unweigerlich die Erdmitteltemperatur.

Einschränkend und erläuternd ist hinzuzufügen, dass der Substitutionsprozess von erneuerbarer Strahlenenergie der Sonne durch fossile Energie aus den Lagerstätten der Erde nur im Bereich der Arbeitsenergie Bedeutung hat, nicht bei der Erzeugung von Nahrungsenergie. Kohle kann man nicht essen und Öl nicht trinken. Dazu bedarf es unbedingt der Produktion der erneuerbaren Energieform Biomasse. Aber als Arbeitsenergie, die in vorindustriellen Zeiten zum allergrößten Teil von Wind und Wasser, von der pflanzlichen Biomasse und von Tieren, auch von Menschen geliefert wurde, wird mehr und mehr fossile Energie genutzt, die Biomasse teilweise ersetzt, teilweise ergänzt. Der Kapitalismus wird durch den Übergang zu den fossilen Energieträgern und den industriellen Energiewandlungssystemen und Produktionsmethoden »auf den Begriff gebracht«.

Auch ökonomisch handelt es sich bei diesem Substitutionsprozess um eine Revolution. Denn nun ist es möglich, die Produktionsbedingungen in der Wirtschaft den Prinzipien des Kapitals entsprechend zu organisieren. Das ist der Kern dessen, was Marx als die »reelle Subsumtion« von Arbeit und von Natur unter das Kapital bezeichnet. Die relative Mehrwertproduktion, d.h. die durch die Steigerung der Produktivität der Arbeit ermöglichte

»Senkung der Lohnstückkosten« bzw. Ausdehnung des Anteils am Wertprodukt, der vom Kapital als (relativer) Mehrwert angeeignet werden kann, wird erst mit den fossilen Energien und den ihnen angepassten technischen Wandlungssystemen möglich. Diese werden, dem »Stachel der Konkurrenz« gehorchend, fortentwickelt – über die von Marx so bezeichnete »große Industrie« hinaus zum »Fordismus« und möglicherweise zum »finanzgetriebenen Postfordismus« unserer Tage.

Es ist der »Gesamtzusammenhang« des fossil getriebenen industriellen Kapitalismus und dessen widersprüchliche Geschichte, der sich geltend macht. Wie in den frühen Analysen aus den 1920er Jahren von Antonio Gramsci (über den Amerikanismus und Fordismus) dargelegt worden ist, zeichnet sich das fordistisch-industrielle System gerade dadurch aus, dass gesellschaftliche Verhältnisse (Konsummodell, Staatsinterventionen zur Sicherung effektiver Nachfrage, durchgängige »Kommodifizierung« aller Lebensbereiche etc.) entstehen, durch die der Massenproduktion in den Fabriken eine entsprechende Massenkonsumtion auf dem Markt geschaffen wird. Dieses Entwicklungsmodell, in dem nicht nur der Produktions- und Reproduktionsprozess, sondern auch das Konsummodell und daher alle individuellen und gesellschaftlichen Lebensbereiche der kapitalistischen Form subsumiert werden, hat zur Folge, dass auch die Natur, sowohl von der Ressourcenseite her als auch bei der Nutzung der Schadstoffsenken, massenhaft, d.h. massiv und zerstörerisch, in Anspruch genommen wird.

Auf der Basis fossiler Energieversorgung wird das Wachstum der Wirtschaft zu einem Imperativ, der nicht befolgt werden könnte, wenn die Sonne wichtigste Energiequelle bliebe. Moderne Gesellschaften verfügen heute über die technisch-organisatorischen Wandlungssysteme der fossilen Energie. Mit der Akkumulation von Kapital und der zunehmenden ökonomischen Konzentration und Zentralisation des Kapitals steigt auch der Bedarf an konzentrierter Energie, die durch spezialisierte Energieversorger (hoch-konzentrierte transnationale Unternehmen) bereitgestellt wird. Das Kapital sorgt nun auf dem Planeten Erde dafür, dass nicht mehr die Strahlenenergie der Sonne, also eine externe Energiequelle, sondern die Energiequellen in der Erdkruste angezapft werden, um sie zur Erbringung der Arbeitsenergie zu verbrennen. Das trifft auf das Interesse des Kapitals, da ja das in die fossilen Reserven investierte »Naturkapital« so verwertet werden kann.

Die fossilen Energiereserven stammen letztlich auch von der Sonne, sind aber keine Strahlenenergie, sondern Energie aus über Millionen von Jahren gebildeten Beständen, aus Kohlenflözen, Öllagerstätten und Gasfeldern. Energieversorgung und Produktions- und Marktbedingungen werden von der natürlichen Energieversorgung durch die Sonne abgekoppelt und seit dem fossilen Zeitalter mit Energie aus den Reserven des Planeten versorgt. Dem Kapital kommt dabei obendrein zugute, dass die natürlichen Reserven der in Kohleflözen oder Erdöllagern mineralisierten Biomasse als Kapital in Wert gesetzt werden können. Das ist die Herstellung des Gesamtzusammenhangs auf kapitalistische Weise. Er kann daher nur geändert werden, wenn der Kapitalismus nicht als Ende der Geschichte und alternativlos akzeptiert wird.

6. Die Dialektik von Zeit und Raum oder: Wachstum im Nanosekundentakt und die Länge der Küste Großbritanniens

Mithilfe von fossilen Energieträgern und »großer Industrie« wird auch das Wachstum der Wirtschaft zu einem realisierbaren Prinzip, es kommt daher mit der industriellen Revolution und seit der systematischen Nutzung der fossilen Energien in die Geschichte. Ökonomisches Wachstum ist das Ergebnis von Investitionen, die sowohl den Kapitalbestand steigern (Kapazitätseffekt) als auch zu Einkommen führen (Einkommenseffekt). Insofern ist Wachstum nichts anderes als Akkumulation von Kapital. Allerdings ist Wachstum vor allem ein quantitativ gemessener Prozess, während Kapitalakkumulation die qualitative Veränderung von Ökonomie und Gesellschaft, die irreversiblen Transformationen der Natur und die Konflikte zwischen Lohnarbeit und Kapital und ökologischen Bewegungen einschließt. Die Investoren sind in erster Linie Kapitalisten, nicht diejenigen, die Arbeitseinkommen beziehen. Kapitalisten erwarten auf ihre Investitionen eine ihnen angemessen erscheinende Rendite bzw. Profitrate. Hohes, quantitativ gemessenes Wirtschaftswachstum ist eine Folge einer hohen Akkumulationsrate, die aber nur zustande kommt, wenn die Profitrate hoch ist. Dies ist aber erstens eine Folge von Verteilungsveränderungen zulasten der Arbeitseinkommen und zugunsten der Profite und zweitens das Ergebnis eines Produktivitätsanstiegs, der aber voraussetzt, dass neue Technologien eingesetzt und die sozialen, wissenschaftlichen, kulturellen Bedingungen etc. dessen Erfordernissen angepasst werden. Das ist die von Marx so bezeichnete »reelle Subsumtion der Arbeit unter das Kapital«. Diese erfasst, auch dies verweist auf den revolutionären Charakter der großen Transformation zur Industriegesellschaft, den Gesamtzusammenhang des nun entstehenden kapitalistischen Weltmarkts. Denn der so wichtige Produktivitätsanstieg wird nicht nur technologisch und durch neue Formen der Arbeitsorganisation beschleunigt, sondern auch durch die Neuerung des Freihandels. Adam Smith und David Ricardo und viele andere sind seine Advokaten.

Ihr Plädoyer bringt David Ricardo auf den Begriff, wenn er in seinen »Grundsätzen der Politischen Ökonomie« schreibt: Die »Profitrate [kann] niemals anders als durch eine Senkung der Löhne erhöht werden ... und ... eine dauerhafte Senkung der Löhne [tritt] nur durch ein Sinken der lebenswichtigen Güter, für welche die Löhne verausgabt werden, ein... Wenn daher durch Ausdehnung des auswärtigen Handels oder durch Verbesserung der Maschienerie die Nahrungsmittel und die anderen lebensnotwendigen Güter des Arbeiters zu einem niedrigeren Preis auf den Markt gebracht werden können, wird der Profit steigen... also [ist] der auswärtige Handel sehr vorteilhaft für ein Land.« (Ricardo 1817/1959: 119)

Damit eine hohe Wachstumsrate dauerhaft ist (oder über längere Zeitperioden gehalten werden kann), ist auch die Energie- und Rohstoffversorgung für den »Antrieb« des Wachstums sicherzustellen, von dem dazu gehörigen kulturellen Umfeld und günstigen internationalen Bedingungen ganz abgesehen.

Das Wachstum kommt in die Welt

Es muss viel zusammenspielen, damit diese Bedingungen als dynamisch wachsendes System zur Geltung kommen. Im Zuge der industriell-fossilen Revolution ist ein solches System entstanden (dazu auch Altvater 2005). Das erste Element des kapitalistischen Kraftwerks, das hohes Tempo macht, ist die fossile Energieversorgung. Dies ist das Thema der thermodynamischen Ökonomie in der Tradition von Nicholas Georgescu-Roegen (1971). Das zweite Element, das Kapitalverhältnis, wird vor allem von Karl Marx und Friedrich Engels und den vielen Sozialwissenschaftlern in ihrem Gefolge bearbeitet. Dabei darf Max Weber nicht vergessen werden, der 1904/05 nicht ganz zu Unrecht die kapitalistische Rationalität auf den »Geist des Protestantismus« zurückführte (Weber 2010). Das dritte Element, die Entbettung von Markt und Geld aus gesellschaftlichen Bindungen, steht im Zentrum der historischen Betrachtung von Karl Polanyi (1978) und der ökonomietheoretischen Analyse von John M. Keynes (1936). Karl Polanyi sieht in der »Entbettung« des Marktes aus der Gesellschaft einen fortgesetzten Prozess, und diesen als die wichtigste Voraussetzung für die »great transformation« zur modernen Markt- und Geldwirtschaft an der Wende vom 18. zum 19. Jahrhundert in England. Aber heute heißt Entbettung auch die Herauslösung der Finanzmärkte aus gesellschaftlicher und politischer Kontrolle und sogar deren Abkoppelung von den Warenmärkten, von der so genannten »realen Ökonomie«. Die Entbettung von Arbeitsmarkt, Geldmarkt und Grundstücksmarkt schuf jene »Satansmühlen«, deren Mahlwerk von nun an die Gesellschaften für die Verhältnisse der Kapitalakkumulation passförmig zurichtet. Keynes hat vom Geld her die Akkumulationsdynamik moderner Kapitalismen entschlüsselt und mit der »harten Budgetrestriktion des Geldes« das Streben nach mikroökonomischer Effizienz und den makroökonomischen Wachstumszwang begründet.

Marx hat in seiner Werttheorie diese verschiedenen Aspekte schon zuvor in einen schlüssigen Gesamtzusammenhang gebracht, und Engels folgte ihm dabei. Die praktischen Folgen der Kongruenz von Energiesystem, sozialen Formen, politischer Regulation und Rationalität in dem industriellen Gesamtzusammenhang sind weltbewegend. Die wirtschaftlichen Wachstumsraten in der Welt machen einen Sprung nach oben. Aus wirtschaftlicher Stagnation, die für fast die gesamte Geschichte vor der industriellen Revolution charakteristisch ist, wird wirtschaftliche Dynamik. Der jahresdurchschnittliche Anstieg der Pro-Kopf-Einkommen in den vielen Jahrhunderten bis zur industriellen Revolution gegen Ende des 18. Jahrhunderts betrug 0,22%, und das kann als »a good result« (Crafts 2000: 13) gelten. In der Zeit von 1820 bis 1998 jedoch verzehnfachte (im Vergleich mit der langen Dauer seit dem Beginn unserer Zeitrechnung) oder verfünffachte (im Vergleich mit den Raten im 18. Jahrhundert) sich das reale jahresdurchschnittliche Wachstum auf 2,21% (Maddison 2001). Das war spektakulär, ja »sensationell« (Sieferle 1997: 146).

Denn quantitative Wachstumsraten von mehr als 2% bedeuten einen qualitativen Wandel von unerhörtem Ausmaß, nämlich eine Verdoppelung des Sozialprodukts pro Kopf alle 35 bis 40 Jahre. Das heißt, dass in dieser kurzen historischen Zeitspanne seit der industriell-fossilen Revolution jede Generation in den wachstumsintensiven Weltregionen doppelt so reich geworden ist wie die vorangegangene. Das ist nicht weniger als eine menschheitsgeschichtliche Revolution, auf die auch Marx und Engels verweisen. Der Lebensstandard der Menschen in den Industrieländern hat sich seit der industriellen Revolution außerordentlich verbessert; Unterernährung und Hunger sind verschwunden – zumindest in Europa in friedlichen Zeiten (Ponting 1991: 106ff.).

Doch *erstens* ist das Wachstum vor allem durch eine Zunahme der Produktivität der Arbeit zustande gekommen und nicht wie in den Jahrhunderten niedriger Wachstumsraten zuvor durch Zunahme der Arbeitsbevölkerung. Diese hatte Robert Malthus (1827/1963) vor Augen, als er am Ende des 18. Jahrhunderts sein »Bevölkerungsgesetz« aufstellte. Dieses wurde schon infolge der Produktivitätssteigerung obsolet. Höhere Produktivität erlaubte die Freisetzung von »redundant population« (Ricardo 1817/1959: 385), und diese wurde räumlich »externalisiert« und in die »neo-europäischen Siedlungskolonien« exportiert (Crosby 1991). Von 1820 bis zum Ersten Weltkrieg verließen zwischen 46 und 51 Millionen Menschen Europa, um vor allem in Nord- und Südamerika, aber auch in Afrika, Australien und in Asien zu siedeln. Europa war bis ins 20. Jahrhundert ein Emigrationskontinent. Die durch Produktivitätsfortschritt freigesetzte Arbeitsbevölkerung war unter den Bedingungen des kapitalistischen Akkumulationsprozesses nicht mehr in den Produktionsprozess der Ursprungsländer zu integrieren. Die Exkludierten hatten anders als ihre Vorfahren die »Chance«, auf einem anderen Kontinent »das Glück zu versuchen«. Sie nahmen ihre Lebens- und Produktionsweise mit, einschließlich der Haustiere und Nutzpflanzen, des Unkrauts und der Parasiten und Mikroben. Der »ökologische Imperialismus« im Zuge der territorialen Expansion des europäischen Kapitalismus im globalen Raum hat viele Völker Krankheiten ausgesetzt, gegen die sie keine Resistenzen aufgebaut hatten. Einige sind, wie die Semiolen im südlichen Nordamerika, daran zugrunde gegangen, ausgelöscht von den Viren und Bakterien, welche die europäischen Migranten mit sich schleppten. Der imperialistische Kapitalismus wird zu einem weltökologischen System (Moore 2014; Crosby 1991).

Zweitens wächst zwar der Wohlstand mit dem Wachstum, doch er wird höchst ungleich verteilt. Das globale Durchschnittseinkommen steigt nach Angaben Angus Maddisons (2001) in den 178 Jahren von 1820 bis 1998 von 667 US$ auf 5.709 US$ pro Kopf. In Westeuropa beträgt um die Jahrtausendwende das durchschnittliche Pro-Kopf-Einkommen 17.921 US$, in den »Ablegern« Westeuropas, in den USA und Kanada, liegt es sogar bei 26.146 US$. In Asien (ohne Japan) beträgt der Durchschnitt der Pro-Kopf-Einkommen dagegen nur 2.936 US$ und in Afrika 1.368 US$ (jeweils in konstanten US$ von 1990).

Es ist natürlich problematisch, einen statistischen Vergleich über eine zweitausendjährige Periode und zwischen den unterschiedlichsten Weltregionen in einem unterstellten Weltgeld (der US$ des Jahres 1990) durchzuführen, auch wenn er mit großer Sorgfalt erstellt wird. Die Fragwürdigkeit dieses Verfahrens zeigt sich auch daran, dass es den Dollar als eigenständige Währung erst seit 1787 gibt. Die Voraussetzung für ein solches Unterfangen, quantitatives Wachstum in einer nicht existenten Währung zu messen, ist die weitgehende Entbettung von Markt und Geld aus der Gesellschaft, auch das Übergewicht der Gegenwart über die Vergangenheit und die Zukunft, sodass die quantitativen Daten ohne ihre unterschiedlichen und möglicherweise unvergleichbaren Qualitäten zur Verfügung stehen. Die außerordentliche Vielfalt der Natur und der Gesellschaften wird auf die »Einfalt« der monetären Bewertung und Verwertung reduziert, und wenn alles auf eine Qualität des Geldausdrucks in US-Dollar (oder Euro) gebracht wird, werden der Quantitativismus des in Geld ausgedrückten Wachstums und daher der Fetischismus der Wachstumsraten zu bestimmenden Denk- und Handlungsmustern ökonomischer Akteure. Schließlich sickern diese Vorstellungen in das Alltagsbewusstsein der Menschen. Erst dann ist es möglich, Wachstumsraten, Renditen, Profitraten zu vergleichen, da die Produktion von stofflich-konkret nicht vergleichbaren Qualitäten nun qualitativ gleich dimensioniert ist.

Drittens – darauf verweist auch Thomas Piketty (2014) – ist der Zusammenhang von Wachstum und Ungleichheit insbesondere in jenen Zeiten und Räumen eklatant deutlich, in denen die Renditen des Kapitals (i) noch oberhalb der wirtschaftlichen Wachstumsrate (r) liegen. Eine solche Konstellation ist aber nicht nur Folge wachsender Ungleichheit, sondern von strukturellen Veränderungen in Richtung eines finanzgetriebenen Kapitalismus, dessen Akteure der Strategie der »Akkumulation durch Enteignung« folgen (vgl. dazu Altvater 2005; Harvey 2003). Es geht also nicht nur um eine grandiose Umverteilung des gesellschaftlichen Reichtums, sondern um die Veränderung der ökonomischen Strukturen und politischen Macht- und Herrschaftsverhältnisse. Das bedeutet aber, dass die auch von Piketty mit einer Vermögens- und Erbschaftsbesteuerung ins Auge gefasste Umverteilung von Vermögen und dann auch von Einkommen einiges gewonnen werden kann, aber sicherlich nicht genug, um ins Maschinenhaus der kapitalistischen Kraftmaschine zu gelangen und um die Richtung der Akkumulation von Kapital zu verändern.

Denn das ist *viertens* notwendig, um die Schäden des Wachstums über die Tragfähigkeit von Gesellschaft und Natur hinaus einzudämmen. Auch hier kommt wieder der Doppelcharakter aller ökonomischen Prozesse zur Geltung. Wenn produziert wird, fallen nicht nur Späne. Da können ganze Biotope ausgelöscht, Flüsse vergiftet, Bergkuppen weggesprengt oder die Atmosphäre mit Treibhausgasen überlastet werden. Die Herstellung von Gebrauchswert ist unweigerlich mit der Produktion von Abfällen verbunden. Es gibt keinen Produktionsprozess, der nicht im technischen Sinne »Kuppelproduktion« wäre. Daher sind so genannte externe Effekte negativer Art unvermeidlich. Alle Versuche von Ökonomen, externe Effekte zu ignorieren, zu internalisieren oder als ökologische Dienstleistungen, für die bzw. für deren Abwendung gezahlt werden muss (»payments for ecosystem services«), die Externalitäten also zu kommerzialisieren, scheitern an Naturgesetzen. Diese sind daher auch eine Grenze für den so genannten Green Capitalism.

Den Produktionsprozess kann man auch nicht nur als Prozess der Kapitalverwertung ohne Transformationen der Natur organisieren. Arbeits- und Verwertungsprozess können zwar unterschieden werden, doch der Gebrauchswert ist Träger des Werts und daher können die Schäden des Wachstums nur beho ben und Bedingungen der wirtschaftlichen Entwicklung nur verändert und die Natur nur geschützt werden, wenn beide Seiten der ökonomischen Prozesse, die Verwertungsseite ebenso wie die Seite der stofflichen und energetischen Transformation ökologisch umgestaltet werden.

Darauf richtet die inzwischen entstandene Postwachstumsbewegung gar nicht erst ihre politischen Absichten. Das kapitalistische Herrschaftsverhältnis und der Widerspruch von Lohnarbeit und Kapital werden grundsätzlich akzeptiert. Der kapitalistische Vulkan wird das Postwachstum mit der Lava des aus der Kapitalakkumulation quellenden Wachstums bedecken. Postwachstumsvertreter halten dagegen, dass Suffizienz und Subsistenz in Produktion und Konsumtion die Lava aufhalten können. Das ist die Botschaft, die von der internationalen Postwachstumsbewegung verbreitet und auf den Websites von Postwachstumsbewegten gebloggt wird. Die Botschaft ist allerdings nicht einheitlich. Die einen verschließen die Augen vor der Krisenhaftigkeit des Kapitalismus und halten den Übergang von einem »braunen« oder »schwarzen« fossilen Kapitalismus zu einem »grünen« Kapitalismus mit erneuerbaren Energien für den gangbaren Ausweg aus der ökologisch destruktiven »Wachstumsgesellschaft«.

Andere Postwachstumstheoretiker halten den Ausstieg aus der Wachstumsgesellschaft für möglich, indem Individuen sich individuell oder kollektiv für eine nicht-»imperiale« Lebensweise (Brand/Wissen 2011) engagieren und soziale Veränderungen praktizieren, die mit der Reduzierung des Ressourcen- und Flächenverbrauchs und der Belastung der Natur durch Schadstoffe die kapitalistische Form der Gesellschaft unerheblich machen. Es ist freilich nicht gewährleistet, dass dieser grüne Übergang zu einer »transkapitalistischen« Lebensweise die in der Gesellschaftsformation angelegten Widersprüche der Kapitalakkumulation entschärfen und dem Doppelcharakter entgehen kann. Die Naturgesetze, die in Produktion, Konsumtion und Zirkulation wirksam sind, sprechen dagegen und die sozialen Verhältnisse des »dialektischen Gesamtzusammenhangs« ebenfalls.

Das ist das Thema eines Artikels, den Friedrich Engels vorausahnend in »Die Neue Zeit« am 6. Juni 1885 veröffentlicht hatte: »Die kapitalistische Produktionsweise kann nicht stabil werden, sie muss wachsen und sich ausdehnen, oder sie muß sterben. Schon jetzt, die bloße Einschränkung von Englands Löwenanteil an der Versorgung des Weltmarkts heißt Stockung, Elend, Übermaß an Kapital hier, Übermaß an unbeschäftigten Arbeitern dort. Was wird erst sein, wenn der Zuwachs der jährlichen Produktion vollends zum Stillstand gebracht ist? Hier ist die verwundbare Achillesferse der kapitalistischen Produktion. Ihre Lebensbedingung ist die Notwendigkeit fortwährender Ausdehnung, und diese fortwährende Ausdehnung wird jetzt unmöglich. Die kapitalistische Produktion läuft aus in eine Sackgasse.« (MEW 21: 196)

Dennoch ist die Vorstellung eines »stationary«, eines »Steady State«-Kapitalismus attraktiv. In der zweiten Hälfte des 19. Jahrhunderts äußerte John Stuart Mill (1848) dafür Sympathien, und heute erscheint er manchem ökologischen Kritiker und degrowth-Theoretiker als erstrebenswerter Zustand. Mill argumentiert normativ und kulturkritisch gegen Wachstumshektik, gegen einen »Normalzustand menschlicher Existenz … in dem das Herumtrampeln, Drängeln, mit den Ellbogen sich durchsetzen und ständig einem auf den Fersensein gesellschaftlicher Standard ist« (ebd., book 4, chapter 6).

Gegen das neue Zeitregime der Atemlosigkeit vertritt Mill ähnlich wie eineinhalb Jahrhunderte später Herman Daly (1991) die Idee einer »stationären Gesellschaft«, von der er hoffnungsvoll sagt, »dass ein stationärer Zustand von Kapital und Bevölkerung nicht bedeutet, dass auch der Zustand menschlicher Verbesserungen stationär ist« (Mill 1848). Die Verankerung des Lebens im 18. und 19. Jahrhundert in nicht-durchindustrialisierten, landwirtschaftlich gezeichneten Milieus wirkt also noch lange Zeit nach – ein Indiz dafür, dass die industrielle Revolution, ganz so wie die andere »prometheische Revolution«, der Übergang zum Neolithikum, nicht von heute auf morgen als eine Art Putsch oder beschleunigter Bruch stattfand, sondern in einem längeren Zeitraum des Übergangs. Nur in der langen historischen Perspektive war der Übergang ein Bruch, für die Zeitgenossen war er das nicht.

Wachstum wird nicht sogleich mit dem Stampfen der ersten Dampfmaschine zu einer die ganze Gesellschaft in ihren Bann ziehenden Norm. Gedanken an mögliche Grenzen der Verfügbarkeit von Ressourcen oder der Tragfähigkeit von Schadstoffsenken kommen daher zu Beginn der Industrialisierung eher selten auf. Das hat auch damit zu tun, dass das Wachstum noch zu einem geringen Teil Folge des Produktivitätsfortschritts war und noch vor allem von der Zufuhr (billiger) Arbeitskräfte abhing. Es basierte also noch zu einem bedeutenden Teil auf der Produktion des absoluten und nicht des relativen Mehrwerts. In anderen Worten: Der John St. Mill vorschwebende, erstrebenswerte Zustand ist derjenige einer prä- oder allenfalls protoindustriellen Gesellschaft, einer Gesellschaft also, die noch nicht die im Begriff von Arbeit, Wert, Geld und Kapital angelegten Abstraktionen in die Wirklichkeit des Kapitalismus umgesetzt hatte.

Ist die kapitalistische Produktionsweise erst einmal Wirklichkeit geworden, ist auch eine stationäre, eine Steady State-Ökonomie so gut wie ausgeschlossen, auch wenn sie von so manchen gewünscht wird. In der Industrie kommt das Kapital auf seinen Begriff, d.h. das perpetuum mobile der Akkumulation in grenzenlosem Raum und unendlicher Zeit fängt an zu laufen. Es ist zwar unstrittig, dass auf Erden die Kugelfläche begrenzt ist, wie Immanuel Kant feststellte, und die Zeit einen Anfang und ein Ende hat, aber das Kapital hat seine eigene Gesetzlichkeit mit seinen eigenen Realabstraktionen. Diese sind nicht die der Natur und wenn die Rhythmen der Natur die »Logik« des Kapitalverhältnisses bestimmen und den Steady State herstellen sollten, befindet sich die kapitalistische Produktionsweise in der Krise. Marx und Engels geben eine klare Begründung, John Bellamy Foster (2010) fügt weitere Argumente hinzu. Joseph A. Schumpeter sagt es klipp und klar: »Ein stationärer Kapitalismus wäre eine contradictio in adjecto.« (Schumpeter 1951: 293)

Auch ohne den Bezug auf die Akkumulationsdynamik des Kapitals ist dem Steady State, wie Nicholas Georgescu-Roegen (1975) hervorhebt, nicht viel abzugewinnen. Der Steady State kann nur »näherungsweise« und »kurzzeitig« erreicht werden. Früher oder später bricht ein Steady State-System zusammen, nicht zuletzt weil sich infolge der Entwicklung der Produktivkräfte die Effizienz des Metabolismus von Mensch und Natur verändert und dessen Umfang auch von der Bevölkerungsentwicklung abhängig ist. Diesen Argumenten fügt Georgescu-Roegen ein vernichtendes Urteil hinzu. Jemand, «der glaubt, eine Blaupause der ökologischen Rettung der Menschheit formulieren zu können, versteht nicht die Naturbedingungen der Evolution und noch nicht einmal die der Geschichte…» (Georgescu-Roegen 1975).

Herman Daly (1991) hingegen versucht, das ökonomische System als einen Kreislauf zwischen Produktion und Konsumtion, zwischen Ressourcenentnahme aus dem Ökosystem und Emissionen ins Ökosystem abzubilden. Das ist im Prinzip ein vernünftiger Ansatz. Man darf dabei nur nicht Nicholas Georgescu-Roegens wichtige Einsicht missachten, dass dies selbst unter den Bedingungen einfacher Reproduktion, also eines Steady State, zwar in quantitativer, nicht aber in qualitativer Hinsicht stimmen kann. Denn die Entropie ist in diesem Kreislaufprozess von energetischen und materialen Ressourcen irreversibel gestiegen. Ob dieser dynamisch-expansiv oder stationär verläuft, ist dabei unerheblich. Einen Steady State gibt es also unter spezifischen Annahmen einfacher Reproduktion in der Welt der Werte, nicht aber in der Welt der Gebrauchswerte. Hier zeigt sich erneut die zentrale Bedeutung der Kategorie des Doppelcharakters, ohne die eine Marx-Lektüre, ob neu, ob alt, keinen Sinn macht und ohne die man sich viele Einsichten in die Krisentendenzen der kapitalistischen Produktionsweise verschließt.

Die kurze und die lange Dauer und die Länge der Küste Großbritanniens

Wachstum hat nicht nur eine zeitliche, sondern als Expansion auch eine räumliche Dimension. Dies hat Marx im zweiten Band des »Kapital« als Vernichtung des Raums durch die Zeit und der Zeit durch den Raum interpretiert. »Gleichzeitig mit der Entwicklung der Transportmittel wird nicht nur die Geschwindigkeit der Raumbewegung beschleunigt und damit die räumliche Entfernung zeitlich verkürzt.« (MEW 24: 252f.) David Harvey (2003) bezeichnet diese Tendenz als »Kompression von Raum und Zeit«, als raum-zeitliche Verdichtung. Die im Akkumulationsprozess des Kapitals geforderte Steigerung der Produktivität ist ja nur zu erreichen, wenn alle Prozesse beschleunigt werden. Wertbildung und Verwertung sollten am besten vom Gewicht des stofflich-energetischen Gebrauchswerts, an dem Herzblut hängt und mit dem nostalgische Gefühle verbunden sein mögen, befreien. Transaktionen sollten daher nicht in Stunden, nicht in Minuten, noch nicht einmal in Sekunden – sie sollten in Nanosekunden gemessen werden. Diese Tendenz kann auch als Entbettung der Markttransaktionen aus den Koordinaten von Raum und Zeit und daher aus der Natur verstanden werden. Die Steigerung der Wettbewerbsfähigkeit ist nur möglich, wenn die Taktzahl erhöht wird, wenn also alle Zeitspannen komprimiert werden. Im »Wettlauf der Besessenen« (Krugman 1994) geht es, zumindest auf den Finanzmärkten, wo weitgehend dematerialisierte Bits und Bytes bei Finanztransfers bewegt werden, um Nanosekunden. Die lassen sich aber nur gewinnen, wenn Hindernisse im Raum weggeräumt werden, um Reibungen, wie Engels in der »Dialektik der Natur« mehrfach schreibt (MEW 20: z.B. 376ff.), möglichst gering zu halten. Der Raum wird so speziell auf maximale Transport- und Transaktionsgeschwindigkeit zugerichtet. Die Hindernisse mögen physischer Natur sein. Es kann sich auch um soziale und politische »Reibungen«, um Hindernisse wie Regeln, Gesetze, liebe Gewohnheiten handeln, deren Reibungsflächen dann ebenfalls abgeschliffen werden: durch Deregulierung, um einen entbetteten und daher raum- und zeitlosen Marktplatz zu erhalten. Das gilt in der Kirchturmsperspektive einer Kleinstadt ebenso wie auf dem Weltmarkt. Dort sorgen die Liberalisierungs- und Deregulierungsversuche seit Jahrzehnten und besonders intensiv seit den Verhandlungen zwischen EU und USA um ein transatlantisches Handels- und Investitionsabkommen (TTIP) dafür, dass alle Reibungen geschmiert werden, die Höchsttempo auf komprimiertem Raum verhindern könnten.

Um die Widersprüchlichkeit von Ruhe und Bewegung in der räumlichen Dimension begreifen zu können, rät die moderne Chaostheorie, verschiedene Perspektiven einzunehmen oder Maßstäbe anzulegen. Je nach Maßstab der räumlichen oder zeitlichen (subjektiven) Messung sind (objektive) Entfernungen größer oder kleiner und (objektive) Bewegungen schneller oder langsamer – zwischen bewegungsloser Ruhe und Lichtgeschwindigkeit. Raum und Zeit entspringen also nicht nur in der Gesellschaft, wie Durkheim schreibt und viele Sozialgeografen meinen, sondern haben auch die Natur und das Verhältnis von Mensch und Natur als Quelle.

Auf diesen dialektischen Zusammenhang von Natur und Gesellschaft zielt des Chaostheoretikers Benoît Mandelbrots Frage nach der Länge der Küste Großbritanniens. Seine Antwort ist bekannt: Die Länge hängt vom Maßstab ab und wie wir die Länge messen. Sie kann dann sehr kurz und sie kann unendlich lang sein. Je genauer man misst, desto länger wird die Küste, weil man das Messband letztlich um jedes Sandkorn legen muss. Am Schluss weiß man nicht mehr, ob man noch eine eindimensionale Linie (mit dem Messband) verfolgt, oder ob man es schon mit einer zweidimensionalen Fläche, die von der Linie vollständig ausgefüllt ist, zu tun hat. (Briggs/Peat 1991: 135) Engels' Dialektik des Umschlags von Quantität in Qualität lässt sich also auch chaostheoretisch deuten.

Auch in der Zeit hängt im Intervall zwischen Ruhe und Lichtgeschwindigkeit zu jedem empirisch gewählten Zeitpunkt die tatsächliche Geschwindigkeit von der eingenommenen Perspektive und von dem gewählten Maßstab ab. Das wurde schon erwähnt, als der historische Bruch, den der Übergang zur »Großen Industrie« darstellt, aus der Rückschau als solcher, als »great transformation« identifiziert werden kann, die jedoch für den Zeitgenossen als Bruch gar nicht erkannt werden kann. Zwar gibt es bei oberflächlicher Betrachtung nur eine Geschwindigkeit der geschichtlichen Bewegung, aber doch verschiedene, auch untergründige, nicht immer leicht bemerkbare und dennoch sehr reale Kräfte, die sie in Gang setzen und in Gang halten – sowohl in der Gesellschaft als auch in der Natur.

Das ist die implizite methodologische Rechtfertigung, mit der Fernand Braudel zwischen der »kurzfristigen« Ereignisgeschichte der »Haupt- und Staatsaktionen«, den »mittelfristigen« Konjunkturen und der »langfristig« wirkenden longue durée unterscheidet, obwohl es in Zeit und Raum zu jedem Zeitpunkt nur eine Geschichte gibt. In den drei Bänden der Geschichte des »Mittelmeers und der mediterranen Welt in der Epoche Philipps II.« stellt Braudel (1990/2001), diesem Prinzip unterschiedlicher Fristigkeiten in der Natur- und Gesellschaftsgeschichte folgend, zunächst Geografie, Geologie, Klima, also die Naturbedingungen der mediterranen Welt dar, die sich über Tausende von Jahren wenig, und wenn, dann plötzlich und manchmal für die historisch lebenden Menschen katastrophisch ändern. Sie befinden sich also scheinbar im »Ruhezustand« (jedenfalls unter dem Blickwinkel der Konjunkturen und aktuellen Ereignisse), danach ändern sich die ökonomischen Grundlagen von Gesellschaft, Politik und Kultur und schließlich die vom Standpunkt der longue durée nervösen Machtspiele, militärischen Auseinandersetzungen, diplomatischen Ränkespiele, höfischen Querelen und die politischen und sozialen Bewegungen in der Epoche Philipps II.

Das alles ist Gegenstand der Ereignisgeschichte, deren Rückwirkungen auf die longue durée und die Konjunkturen begrenzt sind. Räume und Zeiten sind also nicht klar definierbar und abzugrenzen. Jedenfalls sind in der mediterranen Ereignisgeschichte des 16. Jahrhunderts die Ereignisse der Jahrhunderte und Jahrtausende zuvor präsent und die erdgeschichtlichen Veränderungen auch. Sie bilden den Rahmen für alles soziale und politische Handeln in der Gegenwart.

Dieses mag ereignisgeschichtlich zufällig sein, strukturgeschichtlich in der longue durée aber notwendig. Auch umgekehrt kann dies gelten. Engels zitiert in diesem Kontext die »unerhörten Sätze« Hegels, dass »das Zufällige einen Grund hat, weil es zufällig ist, und ebensosehr auch keinen Grund hat, weil es zufällig ist; dass das Zufällige notwendig ist, daß die Notwendigkeit sich selbst als Zufälligkeit bestimmt, und daß andrerseits diese Zufälligkeit vielmehr die absolute Notwendigkeit ist (›Logik‹, II, Buch III, 2: ›Die Wirklichkeit‹)« (MEW 20: 489).

Es ist zwar unbestreitbar, dass in den Prozessen der Transformation von Stoffen und Energie die Entropie notwendig zunimmt, wie die thermodynamische Physik und Ökonomie zeigen. Das ist nicht nur die Umwandlung von frei nutzbarer Energie in gebundene oder verstreute, nicht nutzbare Energie. Aber ohne Entropiesteigerung gäbe es weder natürliche noch gesellschaftliche Evolution, schreiben Ilya Prigogine und Isabelle Stengers (1986). Dabei darf aber die destruktive Seite der Entropieproduktion nicht unerwähnt bleiben. Sie unterminiert die Bedingungen der jeweils gegebenen sozialen und natürlichen Reproduktion.

Die subjektive Seite von Raum und Zeit wird deutlich, wenn Entstehung und Reichweite von Ressourcen, z.B. von biotischen und fossilen Brennstoffen, kalkuliert werden. Biomasse ist ein Energieträger, der schon eine Geschichte hat, bevor er als Rohstoff in die Energiekette eingeführt wird. Dies gilt zwar auch für die fossilen Energien, doch liegt deren Geschichte viele Millionen Jahre zurück weit vor der Evolution des Menschen. Deren Entstehungsprozess kann sich folglich nicht in der Erinnerung und daher im Zeithorizont heutiger Generationen befinden. Das ist der Grund, weshalb es sich bei den fossilen Energieträgern um Bestände, um Reserven handelt, die nicht produziert, sondern nur extrahiert werden können, obwohl auch fossile Energien in einem erdgeschichtlichen Prozess aus Biomasse gebildet, mineralisiert worden sind. Die Zeiträume der Bildung der Energiereserven sind so groß, dass die Entnahme heute aus erschöpflichen Beständen erfolgt, deren Größe von der Identifizierbarkeit, den Zugangsmöglichkeiten und den Kosten der Ausbeutung abhängig ist.

Daher wird zwischen Ressourcen und Reserven unterschieden. Zu ausbeutbaren Reserven werden nämlich energetische (und andere mineralische) Ressourcen nur dann, wenn sie identifiziert, also in den Kreis des Wissens um die Eigenschaften des Raums einbezogen worden sind und obendrein zu vertretbaren Kosten gefördert werden können. Als Ressourcen hingegen gelten solche Vorkommen, die mit heutiger Technologie und unter den gegenwärtigen Kosten- und Preisverhältnissen nicht gefördert werden können. Vielleicht später, jenseits des Erwartungshorizontes gegenwärtiger Generationen.

Die Unterscheidung zwischen Ressourcen und Reserven erweist sich als außerordentlich bedeutsam für die Energieversorgung. Werden die Ressourcen kalkuliert, liegt das Fördermaximum beispielsweise von Öl in weiter Ferne. Die Reserven hingegen lassen Peak Oil, den Höhepunkt der Ölförderung, in näherer Zukunft erkennen. Da Ressourcen durch Investitionen in die Förderung, die Aufbereitung und die Transportkapazitäten in Reserven transformiert werden können, ist hier erstens sehr viel Spielraum der Interpretation von Ressourcen und Reserven gegeben und zweitens lassen sich so ins taktische Kalkül passende politische Empfehlungen formulieren. Die Berichterstattung über fossile Reserven ist daher immer ein politischer Akt, nicht die Verkündung einer wissenschaftlich unumstößlichen Erkenntnis.

Bei der Biomasse ist das anders. Diese wird nicht aus in der erdgeschichtlichen Vergangenheit gebildeten Beständen extrahiert, sondern sie muss heute produziert werden, indem die Strahlenenergie der Sonne genutzt wird. Die Produktion verursacht Kosten und Opportunitätskosten, und zwar vor allem in der Landwirtschaft. Ein entscheidender Unterschied zwischen der fossilen und der Biomassen-Energiekette ist daher darin zu sehen, dass der Energiesektor keine Extraktionsökonomie ist, sondern die Landwirtschaft als spezielle Produktionsökonomie der produzierenden, Energie verbrauchenden Ökonomie sozusagen »vorgeschaltet« ist. Der Agrotreibstoff-Sektor der Landwirtschaft ist also sehr nah an der Industrie, die die Energie benötigt, und es ist leicht vorstellbar, dass von den industriellen Abnehmern auf die landwirtschaftliche Produktion eingewirkt wird. Weil Biomasse also mithilfe der solaren Strahlenenergie produziert wird, ist deren Verfügbarkeit im Prinzip so lange gegeben wie die Sonne strahlt (von anderen restringierenden Faktoren wird hier abgesehen). Die Zeitdauer der verfügbaren fossilen Bestände aber ist begrenzt und abhängig von der Entnahme, die wiederum vom Verbrauch in der heutigen kapitalistischen Welt für Produktion, Zirkulation (Transport) und Konsumtion bestimmt wird.

7. Stoffwechsel und Formwandel: Von Extraktion und Produktion zur Emission

Engels analysiert das Problem vor allem mit Blick auf den Diskurs der einzelnen naturwissenschaftlichen Disziplinen und ihre Begriffs- und Theoriebildung. Stoffwechsel und Formwandel sind zwar eine zentrale Kategorie für das Verständnis der Beziehungen von Gesellschaft und Natur. Denn mit dem Bild des Stoffwechsels wird erstens angedeutet, dass zwischen Mensch, Gesellschaft und Natur Kreislaufbeziehungen existieren, dass diese aber alles andere als ein perpetuum mobile sind, sondern mit dem Stoff- und Energieverbrauch zweitens eine Steigerung der Entropie, also irreversible Veränderungen in Gesellschaft und Natur bewirken. Das heißt, dass zwar, wie der erste Hauptsatz der Thermodynamik lautet, die Energie in einem geschlossenen System konstant ist, aber ihre Qualität, um in Arbeitsenergie umgewandelt werden zu können, abnimmt. In der Welt der Stoffe kann mit Nicholas Georgescu-Roegen (1977) ganz analog argumentiert werden. Auch Stoffe werden durch Reibung und Stöße vernutzt – dies ist ein wichtiges Thema von Engels in der »Dialektik der Natur«. Sie sind dann für die Zweckerfüllung des ursprünglichen Gebrauchswerts nicht mehr geeignet. Der Autoreifen ist abgefahren, abgerieben und nicht mehr fahrtauglich. Ein Auto ist nach einem Zusammenstoß nur noch ein Schrotthaufen. Die Entropie des Systems steigt und zwar irreversibel.

Auch die (nicht erneuerbaren) Reichtümer, die von Bergleuten aus der Erdkruste gekratzt bzw. wie Öl und Gas aus großen Tiefen an die Oberfläche gepumpt, oder die als erneuerbare Rohstoffe von Bauern oder Agrarkonzernen landwirtschaftlich angebaut und geerntet werden, sind nicht nur nützliche Gebrauchswerte, die mithilfe der globalisierten Transport- und Kommunikationsinfrastruktur in aller Welt verteilt werden. Ihre Reste landen entropisch gemischt als Abfall, Abwasser, Abluft in den Schadstoffsenken, in den Sphären des Planeten – das CO_2 in der Atmosphäre, das Plastik massenhaft in den Ozeanen, ordentlich auf Mülldeponien, unordentlich als Abfall auf den Straßen der »global cities«. Die Masse des Abraums bei der Rohstoffextraktion verbleibt am Rande der Minen in den Rohstoffländern.

An diesem globalisierten Prozess der nutzlosen, ja schädlichen Diffusion der Begleitprodukte der Extraktion mineralischer, landwirtschaftlicher und energetischer Rohstoffe sind nicht nur die Extraktionsökonomien, sondern mehr noch die industriellen Produktionsökonomien und das global operierende Finanzkapital beteiligt. Ohne Industrie und massenhaften Energie- und Rohstoffverbrauch gäbe es die massiven stofflichen, flüssigen und gasförmigen Emissionen in die Erdsphären nicht. Folglich müssen die Emissionen und muss die Extraktion im Kontext der industriellen Produktion und der Finanztransaktionen der modernen finanzgetriebenen Ökonomie gesehen werden. Beim »Stoffwechsel« zwischen Mensch und Natur spielt der Bergbau eine entscheidende Rolle. Dies ist die wichtige Botschaft des Berichts an den Club of Rome von Ugo Bardi (2013). Mineralische und energetische Rohstoffe werden »seit Menschengedenken« in grandiosem Ausmaß gefördert und heute industriell verarbeitet. Der Bergbau und die der Erde entrissenen mineralischen Reichtümer waren die Grundlage militärischer Macht, wirtschaftlichen Erfolgs und politischer Herrschaft und Expansion. Weder das griechische noch das römische Reich oder die Imperien von Xerxes vom heutigen Pakistan bis zum östlichen Mittelmeer oder das Reich von Alexander dem Großen wären ohne das Silber und Gold aus den beherrschten Territorien so mächtig geworden, dass sie die Herrschaft über die damalige Welt beanspruchen konnten.

Das war in der Neuzeit auch nicht anders. Auch die Macht des spanischen und portugiesischen und später des britischen Imperiums wäre ohne Verfügung über mineralische und energetische Rohstoffe nicht so unüberwindlich geworden wie sie es in der Geschichte zeitweise waren. Das hat ein von Engels wenig beachteter weltreisender Zeitgenosse, Alexander von Humboldt, überzeugend aufgezeigt (vgl. Dill 2013). Hier wird schon deutlich, dass ökonomische Expansion und politische Macht eine natürliche Grundlage haben. Wenn diese verloren geht, schwindet auch die Herrschaft dahin. Doch damit die Naturbasis ihre Wirksamkeit entfalten kann, muss sie in systematischer Weise ver- und bearbeitet, inwertgesetzt und verwertet werden.

Der Stoffwechsel wird also mit der Extraktion des Metalls nicht abgeschlossen. Er wird fortgesetzt, aus Eisen und Bronze werden Pflugscharen und Schwerter geschmiedet, aus Gold und Silber werden Schmuck und Münzen gemacht. Aber wenn dieses geschieht, entsteht mit dem Geld ein Kaufmittel, das nicht mehr an die Verarbeitungskette des Rohstoffs gebunden ist und sich in dessen Verarbeitung beschränkt. Es verselbständigt sich als Zirkulationsmittel, denn mit dem Geld, das aus Gold und Silber geprägt wird, lassen sich alle möglichen Produkte als Waren auf dem Markt kaufen.

Es bildet sich also eine arbeitsteilige Gesellschaft heraus, das Medium der Arbeitsteilung wird der Markt. Der Doppelcharakter aller ökonomischen Prozesse macht es möglich. Nun kann der Stoffwechsel von Natur und Gesellschaft immer größere Dimensionen annehmen und die Reichweiten ausdehnen. Die biblische Aufforderung Gottes »Macht euch die Erde untertan« kann in die Tat umgesetzt werden. Erleichtert wird die Beachtung dieses Gebots durch die mit der industriellen Revolution beginnende »Entbettung« des Marktes aus der Gesellschaft und aus der Natur (Polanyi 1978). Der Markt beherrscht nun mit seinen »Sachzwängen« die gesellschaftliche Entwicklung, und dies in kapitalistisch ausgeprägter Weise,wenn sich die in Geld verwandelten mineralischen Reichtümer gegen Arbeitskraft auf dem Arbeitsmarkt austauschen können.

Rohstoffextraktion ist der typische Fall der Kuppelproduktion. Darauf wurde schon mehrfach hingewiesen. Es ist physikalisch unmöglich, nur Eisen, Gold oder Öl und seltene Erden zu extrahieren bzw. zu »produzieren«. Es wird immer auch Abraum produziert und Treibhausgase entstehen bei dem zur Extraktion notwendigen Energieeinsatz. Eigentlich ist wegen der thermodynamischen Gesetze jede Produktion Kuppelproduktion, im Fall der Rohstoffextraktion ist diese aber besonders ausgeprägt und in Gestalt von Abraumhalden, Schlammseen, abgetragener Waldbedeckung, weggesprengten Bergkuppen etc. sichtbar und als Anstieg der CO_2-Konzentration in der Atmosphäre messbar.

Aber es handelt sich bei den Kuppelprodukten nicht um Werte, weil sie keinen Träger des Wertes besitzen, keinen Gebrauchswert, mit dem ein Bedürfnis befriedigt werden könnte. Der Abfall kann dann nur zur Ware werden, wenn spezielle Regulierungen erlassen werden, die auf Finanzmärkten auch entwickelt worden sind, z.B. die schon erwähnten Emissionszertifikate oder payments for ecosystem services. Die Akteure auf Finanzmärkten sind innovativ und haben handelbare Wertpapiere zum Zweck der Müllentsorgung im Portefeuille. Hier zeigt sich, dass der Stoffwechsel vor allem die Gebrauchswertseite des Doppelcharakters aller ökonomischen Prozesse betrifft, der Formwandel bei der Transformation aber vor allem die Tauschwertseite im Verlauf der Zirkulation des Kapitals.

Der Zweite Hauptsatz der Thermodynamik erklärt auch, warum die Extraktion nur in eine Richtung funktioniert. Man kann aus einem Aquarium Fischsuppe machen, heißt es in einem polnischen Sprichwort, doch aus Fischsuppe kein Aquarium. Aus einer Schweinefarm kann man McDonalds-Bouletten machen, aber aus den Bouletten keine Schweinefarm. Die wirtschaftspolitische Strategie des so genannten Extraktivismus ist daher Wegweiser auf einer Einbahnstraße. Denn es führt kein Weg zurück von den festen, liquiden und gasförmigen Emissionen zu den extrahierten Rohstoffen, es sei denn man leistet sich den Aufwand des Recycling. Dieser ist aber jenseits bestimmter Grenzen ökonomisch unrentabel und energetisch unsinnig, weil mehr Energie und Material investiert werden müssen als energetisch und materialiter wieder herauskommt. Die Einbahnstraße des Recycling wird also schmaler und holpriger, je länger man ihr folgt. Die guten Ingredienzien für die Fischsuppe werden rar und man muss mehr dafür aufwenden, und irgendwann können sich einige die Fischsuppe nicht mehr leisten und deren Zahl steigt. Konflikte sind vorgezeichnet. Irgendwann ist überhaupt keine Fischsuppe mehr im Topf und man muss vergessen, dass es sie jemals gab.

Die Emissionen erinnern daran, dass Geschichte ein gerichteter Prozess ist und extrahierte Stoffe zwar in Müll, aber Emissionen nicht einfach wieder in Ressourcen verwandelt werden können. In den »Notizen und Fragmenten« zur »Dialektik der

Natur« wird dieses Problem auch von Engels angerissen, aber nicht schlüssig beantwortet. Denn anders als zu Beginn des 21. Jahrhunderts ist Extraktivismus im 19. Jahrhundert weder Fluch (»the oil curse«) noch Segen, sondern eine Vorbedingung der Industrialisierung, die alle Welt in Etappen durchmachen wird. Das jedenfalls war die Vorstellung von Marx, als er im Vorwort zur ersten Auflage des »Kapital« an den deutschen Leser gewandt (doch in lateinischer Sprache – »de te fabula narratur«) schrieb, seine Geschichte würde erzählt, auch wenn fast alle von ihm angeführten Beispiele aus England, dem fortgeschritteneren Land, stammten (MEW 23: 11f.).

Engels folgte Marx dabei, fügte aber hinzu, dass die Geschichte zwar ein gerichteter Prozess irreversibler Naturveränderung ist, aber die Richtung auch geändert werden kann. Nur eines kann man nicht: das, was geschehen ist, rückgängig machen. Die Richtungsänderung wird notwendig, wenn bestimmte Grenzen erreicht werden. Solange Rohstoffe leicht zugänglich in Hülle und Fülle zur Verfügung stehen, muss nicht über Rohstoffversorgung und alternative Produktionsmuster (Produkte und Verfahren) nachgedacht werden. An den Grenzen wird das sehr wohl nötig und das Verhältnis von Ressourcen, ihrer Extraktion und Verarbeitung in der Produktion wird zum wichtigen Thema in Wissenschaft und Politik.

»Unter Extraktivismus«, so schreibt Maristella Svampa (2012: 14), »ist jenes Akkumulationsmodell zu verstehen, das auf einer übermäßigen Ausbeutung immer knapper werdender, meist nicht erneuerbarer, natürlicher Ressourcen beruht, sowie auf der Ausdehnung dieses Prozesses auch auf Territorien, die bislang als ›unproduktiv‹ galten.« (vgl. auch Svampa 2013) Da extraktivistische Aktivitäten auf »begrenzter Kugelfläche des Planeten« notwendig an Grenzen stoßen, muss die Richtung der Extraktion immer wieder geändert werden. Das Silber der Gruben im Harz ist ausgebeutet, das Silber aus Peru und Bolivien kommt auf den Markt. Auch der Wechsel vom konventionellen zum unkonventionellen Öl, vom Herauspumpen des Öls zum Haraussprengen und Herauswaschen (Fracking) des Öls ist eine solche extraktivistische Richtungsänderung.

Nun kommen aber Fragen auf, wie die nach der Fähigkeit einer auf Rohstoffausbeutung beruhenden Wirtschaftsweise, die übermäßige Ausbeutung ohne anhaltende Beeinträchtigung von Natur und Gesellschaft zu überstehen (*Resilienz*). Das ist »eigentlich« eine selbstverständliche und daher »eigentlich« einfach zu beantwortende Frage. Die Antwort ergibt sich aus den Hauptsätzen der thermodynamischen Physik. Energie kann nicht vernichtet werden, aber ihre Fähigkeit zur Leistung von nützlicher und sinnvoller Arbeit nimmt unweigerlich ab. Daher bedarf es zur Stabilisierung des Systems der Energiezufuhr von außen, wie es seit Hunderttausenden von Jahren in der Form der Nutzung der Sonnenenergie für menschliche Zwecke geschehen ist. Doch seit der industriellen Revolution basiert die kapitalistische Produktionsweise auf der Nutzung fossiler Energien, und die stammen nicht wie die solare Energie aus dem »extraterrestrischen Außen«, sondern aus dem Inneren der Erdkruste. Folglich nehmen die Reserven nutzbarer fossiler Energieträger unweigerlich ab, es steigt die Entropie, auch weil die Verbrennungsprodukte der fossilen Energien in den Sphären der Erde, vor allem als Treibhausgase in der Atmosphäre, verbleiben.

Das besagt unmissverständlich (wie ausgeführt worden ist) die thermodynamische Physik, der allerdings kapitalistische Selbstverständlichkeiten widersprechen, wie sie von der dominanten neoliberalen Ideologie der freien Marktwirtschaft unterstellt und verbreitet werden. Danach nämlich ist die Ökonomie eine zeit- und raumlose Veranstaltung, die nach Regeln einer abstrakten Rationalität funktioniert und mit irreversiblen Stoff- und Energietransformationen nichts zu tun hat. Friedrich August von Hayek bezeichnet die Ökonomie daher weder als Kapitalismus noch als Marktwirtschaft, sondern als Katallaktik, als eine raum- und zeitlose Tauschmechanik (dazu kritisch: Georgescu-Roegen 1971). Gerade die Irreversibilität ökonomischer Prozesse geht nur schwer in den neoliberalen Kopf, da ja Kapital unbedingt zu sich selbst, und zwar um einen Profit vermehrt, zurückkehren muss. »Returns to capital« heißen denn auch die Profite in englischer Sprache. Das wirtschaftliche Wachstum, die Rationale einer kapitalistischen Marktwirtschaft, wäre ohne die unterstellte Reversibilität gar nicht vorstellbar. Folgerichtig werden in der neoliberalen Ökonomie naturgesetzliche Gegebenheiten missachtet und die thermodynamischen Hauptsätze wenig vornehm beschwiegen und thermodynamisch argumentierende Ökonomen in der Disziplin (häufig als »die Spinner«) marginalisiert. Daraus ergibt sich die praktische Folge, dass in der kapitalistischen Produktionsweise Entwicklungspfade eingeschlagen werden, die einst »blühende Landschaften« als zerstörtes Gelände hinterlassen. Dieses dürfte es »eigentlich« gar nicht geben; da es aber nicht zu übersehen ist, werden vermeidbare Fehler, Fehlplanung, Missachtung gesetzlicher Bestimmungen und Korruption für die Umweltzerstörung verantwortlich gemacht.

Das Verhältnis von Mensch, Natur und Ressourcen ist daher in der kapitalistischen Gesellschaftsformation sehr unterschiedlich ausgeprägt. Es ist in der Stadt anders als auf dem Land. Es ist in der Extraktionsgesellschaft unvermittelter, direkter als in einer Industrie- oder Dienstleistungsgesellschaft. Hier sind die »Leitern auf die Natur«, wie Marx die Verbindungen von Mensch und Natur bezeichnet, sehr viel länger als in der Landwirtschaft mit Viehzucht, also muhenden Kühen, blökenden Schafen und wiehernden Pferden, mit Pflanzungen von Erdbeeren, Kartoffeln, Spargel und Tomaten oder im Bergbau von Eisen, Kupfer, Gold und Bauxit. Manchmal sind die industriellen Himmelsleitern so lang, dass man ihre Naturbasis aus den Augen verliert und die Natur nur noch durch die Brille der Verwertung als Naturkapital wahrzunehmen vermag. Dann ist die Natur definitiv in der Welt der Werte und der sich dafür zuständig erklärenden neoliberalen Ökonomie angekommen.

Als Naturkapital hat sie aber alles, was Natur ist, an der neoliberalen Garderobe ablegen müssen. Es kommt gar nicht mehr zu Bewusstsein, dass sie Natur ist, und zwar unabhängig davon, ob Menschen existieren oder nicht. Allerdings verschwindet der Begriff der Natur mit den Menschen aus der Welt. Diese bleibt, so man will, ein Geschöpf Gottes. Aber wenn der Neoliberalismus die Natur als Naturkapital umdeutet, schafft er wie der verneinende Geist ein Geschöpf Gottes ab und bleibt doch dabei Handlungsgehilfe des Menschen.

In den vergangenen Jahrhunderten musste die Erfahrung gemacht werden, dass Rohstoffreichtum sich nicht wie von selbst in den »Wohlstand der Nationen« verwandelt, sondern sehr häufig deren Missstand vergrößert, so als ob auf dem Rohstoffreichtum ein göttlicher Fluch laste. Natürlicher Ressourcenreichtum ist Naturkapital, das aber ökonomisch arm macht (dazu vgl. auch Altvater 2015). Dieses »Ressourcenparadox« ist vielfach beschrieben worden, etwa am Beispiel des von Mythen umwobenen »cerro rico«, des »Silberbergs« von Potosí in Bolivien. Mit dessen Edelmetall konnten in den Frühzeiten des Kolonialsystems die spanischen Eroberer ihre Säcke und Schiffsbäuche füllen. Der indigenen Bevölkerung brachten sie kein Glück, sondern die »zivilisatorischen« Errungenschaften von Zwangsarbeit, Plünderung, Armut, Krankheit und Tod. Auch das Gold der Inkas im andinen Raum oder die Schätze von Mayas und Azteken in Mittelamerika waren keineswegs ein Segen für die indigenen Völker, sondern Objekt der Begierde der Kolonialherren von der fernen iberischen Halbinsel, die sich individuell bereicherten und zugleich gar nicht absichtsvoll eine historisch bedeutsame Funktion ausübten. Sie finanzierten nämlich mit dem Gold und Silber Lateinamerikas im Austausch mit Englands Manufakturwaren die ursprüngliche Akkumulation des Kapitals auf der britischen Insel und so den Siegeszug des globalen Kapitalismus.

Der frühe Extraktivismus begründet die Weltwirtschaft, die sich – wie Fernand Braudel (1986) und später die Weltsystemtheorie analysieren – seit den kolumbianischen Entdeckungen in der Form von Warenhandelsketten, mehr oder weniger freiwilligen (europäische Auswanderer in »neo-europäische« Kolonien) und erzwungenen Migrationsströmen (Sklavenhandel) und nicht zuletzt als Folge direkter Kapitalinvestitionen entfaltet. Wie Alfred Crosby (1991) und später Jason Moore (2003) hervorheben, war dieser Extraktivismus auch in seinem frühesten Stadium immer Teil eines umfassenden und in der Tendenz globalisierten Stoff- und Energiekreislaufs, der auch viele Arten (Tiere und Pflanzen) in seinen Strudel riss und im globalen Raum verteilte. Die freiwilligen ebenso wie die unfreiwilligen Migranten schleppten ihre Parasiten und Krankheiten aus den Herkunftsregionen in die Zielländer. Tiere und Pflanzen reisten als blinde Passagiere mit den Handelsschiffen um die Welt, und auch Wissen (und Unwissen) wurden nach und nach globalisiert. So wurde durch Vermischung die globale Entropie erhöht, so konnte aber auch imperiale Herrschaft etabliert werden. Dies ist ein Beispiel für Isabel Stengers und Ilya Prigogines zitierte These von der evolutionären Bedeutung des Entropieanstiegs.

Ihre Grundlage waren wegen ihrer »Schlagfertigkeit«, d.h. wegen ihrer überall leichten Verwendbarkeit, edle Metalle, also Bergbauprodukte, die nur durch Extraktion und durch die dafür qualifizierten Bergleute an den Orten ihres Vorkommens gewonnen werden konnten. Das war im andinen Südamerika und in Zentralamerika der Fall, bevor andere Fundorte auch in Afrika Bedeutung erlangten. So entstand über die Jahrzehnte und Jahrhunderte ein ökonomisches, politisches und auch ökologisches Weltsystem, dessen Basis zunächst Rohstoffextraktion an speziellen Orten war, die im globalen Raum vernetzt wurden (vgl. dazu Moore 2003; Mahnkopf 2013; zu den mineralischen Reichtümern Bardi 2013).

Der Rohstoffreichtum wird in den »Wohlstand der Nationen« der Kolonialmächte verwandelt, Tausende von Kilometern entfernt am anderen Ufer der Ozeane. Von den einst konzentrierten Rohstoffen bleiben nach deren Extraktion zumeist nicht mehr als ein »schwarzes Loch« und derangierte soziale Beziehungen. Die Rohstoffextraktion auf der einen und die Aneignung und Verarbeitung auf der anderen Seite sind ein Beispiel für die bereits erwähnte Entropiemigration zwischen Extraktionsökonomien und Industriegesellschaften zugunsten der Letzteren. Der globale Metabolismus erzeugt ökonomische und ökologische Ungleichheit in der Welt. Weil dadurch Widerstand gegen die Verwandlung von natürlichem Reichtum in ökonomischen Wohlstand provoziert wird, kommen politische Repression und militärische Gewalt ins Spiel, die die gesamte Geschichte der Rohstoffausbeutung auf allen Kontinenten begleiten. Die Zeugnisse der grausamen Unterdrückung in Lateinamerika haben Bartolomé de Las Casas schon im frühen 16. Jahrhundert oder Eduardo Galeano im späten 20. Jahrhundert (Galeano 1976) aufgeschrieben.

In Europa hat die Entropiemigration zur Folge, dass im Verlauf und nach der industriellen Revolution im ausgehenden 18. Jahrhundert die Naturbasis von Landwirtschaft und Bergbau an Bedeutung im Vergleich zur aufstrebenden Industrie verliert, deren artifizielle Produkte aus bereits extrahierten Rohstoffen mit viel (vor allem fossilem) Energieaufwand von Lohnabhängigen unter der Aufsicht von Funktionären (Manager) des Kapitals gefertigt werden. Diese Erfahrung wird im 20. Jahrhundert als Logik der Modernisierung gedeutet, die sich in aller Welt wiederholen lässt. Die Entwicklung verläuft vom »primären Sektor« der Landwirtschaft und des Bergbaus zum »sekundären Sektor« der industriellen Verarbeitung der Rohstoffe des primären Sektors zum »tertiären Sektor« der Dienstleistungen, in dem die Finanzdienstleistungen seit der Liberalisierung der Finanzmärkte gegen Ende der 1970er Jahre die Initiative ergriffen haben.

Dieser historische Wechsel von den primären zu den sekundären Wirtschaftszweigen war *erstens* mit einer Relokalisierung der Weltwirtschaft verbunden. Die ökonomischen Zentren verschoben sich von den Rohstoffregionen (in Asien, Osteuropa, Afrika, Lateinamerika) zu den Industriezentren in Europa, Nordamerika und Ostasien, deren Verortung (im globalen Raum) ganz anderen Kriterien folgt als dies in der Extraktionswirtschaft der Fall war. Die Extraktion war und ist nur an den Orten (places) möglich, wo die mineralischen oder energetischen Rohstoffe »vorkommen« oder als landwirtschaftliche Produkte angebaut werden können, um dann im globalen Raum (space), d.h. auf dem Weltmarkt von Marktakteuren im Interesse ihres Profits gehandelt und dabei verteilt zu werden. Die Produktion von Industrieerzeugnissen hingegen ist überall möglich, wo Infrastrukturen die Lieferung der Rohstoffe zulassen und wo die anderen Produktionsfaktoren (qualifizierte Arbeitskräfte, kompetente Verwaltungen, öffentliche Sicherheit, Forschungseinrichtungen etc.) vorhanden und zugänglich sind.

Zweitens bekamen in dem neuen Industriesystem die Verfügung über Energien und daher die Lagerstätten von – fossilen – Energieträgern eine größere Bedeutung als je zuvor. Sie wurden für die imperiale Herrschaft und deren Erhaltung wichtiger als die edlen und nicht edlen, aber nützlichen Metalle. Wer während fast der gesamten Zivilisationsgeschichte über Gold und Silber verfügte, konnte mächtige Heere (den Sold der Söldnerheere) zur territorialen Eroberung und Sicherung der Grenzen bezahlen; darauf verweist Bardi (2013) in seinem Werk über den Bergbau und die Plünderung der Ressourcen in der Welt. Aber die Industrie und daher auch industrielle Kriegsmaschinen brauchen in erster Linie fossile Energien und den Zugang zu ihnen. Winston Churchill hatte Recht mit seiner Aussage, dass die britische Flotte »auf einer Woge von Öl« im Ersten Weltkrieg zum Sieg über die deutsche, mit Kohle befeuerte Flotte geschwommen sei. Er kannte sich aus, denn er war als Staatssekretär für die britische Flotte zuständig. Die damals »nicht-konventionelle« Energiequelle des Öls errang einen grandiosen Sieg über die »konventionelle« Energiequelle der Kohle. Natürlich sind die Ursachen-Wirkungen-Geflechte viel komplexer. Jedoch zeigt es sich, dass der »Energy Return on Energy Invested« (ERoEI), die Netto-Energieernte für kapitalistische Akkumulation, militärische Effizienz und politische Macht von großer Bedeutung ist und dass der Zugang zu Ölquellen ein strategischer Schlüssel ist.

Drittens zeigt es sich, wie prekär das Verhältnis von primärem und sekundärem Sektor der Ökonomie ist. Rohstoffe, die nicht im Land selbst verarbeitet, sondern als Massengüter exportiert werden, haben auf unregulierten Märkten eine Aufwertung der Währung zur Folge, wenn sie denn auf dem Weltmarkt nachgefragt werden. Importierte Industrieprodukte werden als Folge der Aufwertung der Währung komparativ billiger und die heimischen verarbeitenden Wirtschaftszweige verlieren an Wettbewerbsfähigkeit. Im ungünstigsten Fall werden sie vom Markt verdrängt. Das von David Ricardo aufgestellte und von der WTO zum wichtigsten ökonomischen Lehrsatz überhaupt geadelte »Gesetz der komparativen Kostenvorteile«(»the single most powerful insight into economics« – www.wto.org/english/thewto_e/whatis_e/tif_e/fact3_e.htm) gilt beim Tausch von Rohstoffen gegen Industrieprodukte nicht, obwohl Ricardo die komparativen Vorteile am Beispiel des Tausches von britischem Tuch (Industrieprodukt) gegen portugiesischen Wein (Agrarprodukt) exemplifizierte. (Ricardo 1817/1959) Denn wenn portugiesische Unternehmer Arbeitsstunden nicht zur Produktion von Tuch, sondern zur Herstellung von Wein verwenden, können sie mit dem nach England exportierten Wein so viel verdienen, dass sie damit größere Mengen Tuch in England erwerben können, als sie in Portugal mit der für den Weinbau verausgabten Arbeitsmenge in der Tuchproduktion zu erzeugen in der Lage wären. Die portugiesische Tuchproduktion wird durch die überlegenen englischen Textilfabriken verdrängt. Portugiesische Kapitalisten können Devisen zur Bezahlung der (Tuch-)Importe nur noch mit Rohstoffexporten, mit dem Wein also, verdienen, und das führt unweigerlich in monostrukturelle Abhängigkeit, zum Verlust der wirtschaftspolitischen Souveränität und dazu, dass eine Entwicklungsbahn heraus aus der Extraktionsökonomie nicht angesteuert werden kann. Das war der Anlass für Friedrich Lists harsche Kritik an den wirtschaftspolitischen Schlussfolgerungen »der Schule«, wie er die klassische Freihandelstheorie abfällig bezeichnete (List 1841/1982).

Auch in der Rohstoffwirtschaft spielt also der Doppelcharakter der Arbeit eine bezeichnende Rolle. Denn extrahierte Ressourcen werden aus dem »unproduktiven« Zustand in den der »Produktivität« befördert, sie werden also »in Wert gesetzt« und als Waren mit Gebrauchswert und Tauschwert auf dem Weltmarkt verkauft. Inwertsetzung von Natur (und daher deren Verwandlung in Naturkapital) ist die Bedingung dafür, dass die »auf dem Wert basierende kapitalistische Produktionsweise« die Zyklen der Verwertung durchlaufen kann (vgl. dazu Altvater/Mahnkopf 2007: 4. Kapitel). Ist es möglich, im Zuge der Inwertsetzung von Ressourcen industrielle Produktionsstrukturen zu entwickeln? Das ist eine zentrale Frage der traditionellen Entwicklungstheorie. Denn eine industrielle Produktionsökonomie kann am vorteilhaften (nationalen und internationalen) Handel mit Industrieprodukten teilnehmen und auf diese Weise die ökonomische Abhängigkeit überwinden, die durch im Verlauf des gesamten 20. Jahrhunderts verschlechterte terms of trade für die Exporteure von Rohstoffen ein fast unabänderliches Schicksal ist. Denn die Gesetze des Welthandels konservieren die Trennung von und Spezialisierung auf Extraktion und Produktion, während die politische Strategie darauf zielt, das Rohstoffland in ein Industrieland zu verwandeln.

Doch wenn die Rohstoffpreise wie im ersten Jahrzehnt des 21. Jahrhunderts im Vergleich zu den Preisen der Industriegüter stärker steigen, die realen Austauschverhältnisse (terms of trade) sich für die Rohstoffexporteure verbessern, lohnen sich Rohstoffexporte, weil mit den daraus folgenden Einnahmen Entwicklungsprojekte finanziert werden können. »Von Hugo Chavez' Venezuela bis zum Brasilien des gemäßigten Lula da Silva«, schreibt Eduardo Gudynas (2012: 304), »wird tatsächlich immer noch auf mineralische Rohstoffe und Erdöl gewettet. Der Anteil der Rohstoffe an den gesamten Exporten beträgt in Venezuela, Ecuador und Bolivien mehr als 90%, übersteigt in Chile und Peru die 80% und erreicht im Brasilien Lulas die 60%-Marke.«

Im Unterschied zum traditionellen Extraktivismus werden nun aber die (Devisen-)Einnahmen nicht von den großen multinationalen Konzernen angeeignet, sondern durch den Staat für sozialpolitische Zwecke und in Erschließungsinvestitionen, auch im Rohstoffsektor, umverteilt. Mindestlöhne werden eingeführt, die Alterssicherung verbessert, die Schulbildung gefördert, Universitäten errichtet, Nachbarschafts- und Stadtteilgruppen finanziert, Genossenschaften auf dem Lande subventioniert, öffentliche Dienste wiederbelebt, privatisierte öffentliche Güter re-kommunalisiert oder nationalisiert. Neo-Extraktivismus lohnt sich also. Rohstoffreichtum und die Extraktion von mineralischen und energetischen Rohstoffen und der Anbau agrarischer Produkte scheinen sich aus einem Fluch in einen Segen gewandelt zu haben.

Extraktion zu volatilen Preisen

Doch Vorsicht, Rohstoffpreise sind sehr volatil, wie die Entwicklung auf den Ölmärkten zeigt. In der Geschichte wurden konventionelle Energieträger immer durch nicht-konventionelle ersetzt, wenn erstere knapp wurden. Auf die Richtungsänderung bei der Extraktion erschöpflicher Ressourcen wurde bereits hingewiesen. Als in Europa im 18. Jahrhundert die Holzkohle ausging, weil die Wälder weitgehend abgeholzt waren, wurde die Steinkohle als Energieträger entdeckt und zeitgleich erschien die Dampfmaschine als effiziente Energiewandlungsmaschine auf der Bildfläche. Die Steinkohle, der »unterirdische Wald« (Sieferle 1982), setzte sich gegenüber dem »oberirdischen Wald« durch. Damit konnte die Industrialisierung loslegen und eine soziale Revolution auslösen, die die Welt grundlegend veränderte. Die Suche nach unkonventioneller Energie geht auch heute los, wenn die konventionellen Energieträger zur Neige gehen. In Brasilien wird die nicht-konventionelle Offshore-Energie aus den atlantischen Tiefsee-Ölfeldern des Pré-sal erschlossen. In Kanada wird Öl aus Teersänden und Schiefergestein gewonnen. Die Umweltzerstörungen und die Auswirkungen auf das Klima sind gigantisch. Die USA sind in der Mitte des zweiten Jahrzehnts des 21. Jahrhunderts durch das Fracking zum weltgrößten Ölproduzenten aufgestiegen. Gleichzeitig steigt die Produktion der Agro-Kraftstoffe, vor allem aus Zuckerrohr und Soja, Mais und Palmöl, die ganze Landstriche in Anspruch nehmen, von denen die Befürworter behaupten, dass es sich dabei nur um einen geringen Teil der landwirtschaftlichen Fläche handele und Nutzungskonkurrenz mit der Nahrungsmittelproduktion ausgeschlossen sei (vgl. aber die Beiträge in Exner/Fleissner/Kranzl/Zittel 2011). Die Konsequenzen dieser Verschiebungen bei der Versorgung mit fossilen und alternativen Energieträgern sind schwer absehbar. Die Auswirkungen auf den Ölpreis allerdings sind fühlbar. Denn der Preis ist in nur wenigen Monaten 2015 um die Hälfte eingebrochen. Der Kampf um die Verteilung der Verluste ist während des Schreibens dieses Buches in vollem Gange. Es ist zu befürchten, dass dieser Kampf auch in militärische Auseinandersetzungen mündet.

Wenn die Rohstoffpreise steigen, ist auf dem inneren Markt der Sog des Rohstoffsektors so groß, dass Arbeitskräfte wegen höherer Löhne und Anlage suchendes Kapital wegen höherer Profitraten in den Rohstoffsektor gelenkt werden und wirtschaftliche Entwicklung durch Industrialisierung, die Stärkung des bereits existierenden industriellen Sektors oder durch Förderung von Dienstleistungen nicht zustande kommt. Diese Veränderung der internen terms of trade zu Ungunsten der Industriesektoren der Ökonomie wird auch als »dutch disease« bezeichnet, weil die Niederlande von dieser »Krankheit« infiziert wurden, als Erdgas vor der Küste gefunden und dadurch ein Erdgasboom ausgelöst wurde, der andere Industriezweige, in denen niedrigere Renditen zu erzielen waren und in denen auch die Löhne zurückblieben, zurückwarf (vgl. Burchardt 2005 zum Fall Venezuela, wo ähnliche Mechanismen wirksam wurden). Wenn die Rohstoffpreise hingegen sinken, kommen die Nachteile der Monostruktur zutage. Es fehlen die Ressourcen und die ökonomische und soziale Diversität, um eine alternative, industrielle Entwicklung in die Wege zu leiten.

Es müssen bei der Extraktion die Grenzen des Umweltraums respektiert werden. Ökologen finden für die Grenzen das Maß des »ökologischen Fußabdrucks« der Menschen in den verschiedenen Weltregionen und mahnen, dass dieser in den Industrieländern viel zu groß ist. Klimawissenschaftler kennen die Belastungsgrenze der Atmosphäre mit CO_2 sehr genau und leiten daraus Reduktionsverpflichtungen ab, die schon zitiert worden sind. Die Gesetze der Evolution oder die thermodynamischen Hauptsätze, die Mengenbeschränkungen bei erschöpflichen Ressourcen oder die Schwellenwerte für toxische Substanzen sind wie Fallgruben, in die man unweigerlich gerät, wenn die Bedingungen des »buen vivir«, eines Lebens im Einklang mit der Natur und den Reproduktionsbedingungen des »Gesamtzusammenhangs«, von Gesellschaft und Natur nicht eingehalten werden.

Das hatte Friedrich Engels sehr wohl erkannt. Naturgrenzen werden in seiner »Dialektik der Natur« und im »Anti-Dühring« fast ein Jahrhundert vor den Warnungen des »Club of Rome« (Meadows u.a. 1972) thematisiert: »Schmeicheln wir uns … nicht zu sehr mit unsern menschlichen Siegen über die Natur. Für jeden solchen Sieg rächt sie sich an uns... So werden wir bei jedem Schritt daran erinnert, daß wir keineswegs die Natur beherrschen, … sondern daß wir mit Fleisch und Blut und Hirn ihr angehören und mitten in ihr stehn, und daß unsre ganze Herrschaft über sie darin besteht, im Vorzug vor allen andern Geschöpfen ihre Gesetze erkennen und richtig anwenden zu können.« (MEW 20: 453; in diesem Band S. 180) Das aber ist nur möglich mit dialektischem Denken. Denn in der Natur setzen sich »dieselben dialektischen Bewegungsgesetze im Gewirr der zahllosen Veränderungen (durch), die auch in der Geschichte die scheinbare Zufälligkeit der Ereignisse beherrschen; dieselben Gesetze, die, ebenfalls in der Entwicklungsgeschichte des menschlichen Denkens den durchlaufenden Faden bildend, allmählich den denkenden Menschen zum Bewußtsein kommen... Es ist also die Geschichte der Natur wie der menschlichen Gesellschaft, aus der die Gesetze der Dialektik abstrahiert werden. Sie sind eben nichts andres als die allgemeinsten Gesetze dieser beiden Phasen der geschichtlichen Entwicklung, sowie des Denkens selbst.« (MEW 20: 11; 348)

Man muss also die Natur mit all ihren Restriktionen und Entwicklungsgesetzen, die in der menschlichen Zivilisationsgeschichte ganz unterschiedliche Ausformulierungen angenommen haben, von irdischen Verboten bis zu göttlichen Geboten, in dem Gesamtzusammenhang von Arbeit und Leben begreifen, um einen nicht zerstörerischen, sondern behutsamen, nachhaltigen Umgang mit der Natur und ein gutes Leben für alle zu ermöglichen.

Die Finanzmärkte nehmen Ökonomie und Gesellschaft ins Schlepptau

Schließlich nehmen seit der Liberalisierung der internationalen Finanzmärkte eben diese die Güter- und Arbeitsmärkte »ins Schlepptau«, wie es einst stolz der Vorstandsvorsitzende der Deutschen Bank, Rolf Breuer, verkündete. Die globalen Finanzmärkte geben die Richtung der Entwicklung an, auch die der extraktiven Aktivitäten. Denn natürliche Ressourcen oder zukünftige Ernten werden inzwischen verbrieft und als Wertpapiere auf globalen Finanzmärkten gehandelt. Extraktive Renditen bemessen sich an den Renditen anderer Finanzanlagen und dies im weltweiten Vergleich. Zwar haben Rohstoffvorkommen immer noch einen lokalen »Kolorit«, man kann den Gebrauchswert sozusagen noch »riechen«. Doch einmal in Wert gesetzt zirkulieren sie im globalen Verwertungszyklus. Der Doppelcharakter macht es möglich.

Da die Finanzmärkte nahezu vollständig liberalisiert worden sind, können Zins- und Renditedifferenziale große Arbitrage-Kapitalbewegungen auslösen. Die Zinssenkung im Zuge des »quantitative easing«, der Politik des billigen Geldes in den USA 2012 und später im Euroraum, hat Kapitalanlagen in Lateinamerika, in Afrika und in anderen Ländern, wo die Renditen höher sind, attraktiv gemacht. Dabei spielen Anlagen in der Rohstoffextraktion schon deshalb eine große Rolle, weil es in den meisten afrikanischen oder lateinamerikanischen Ländern wenige alternative Möglichkeiten der Kapitalanlage im industriellen oder im Dienstleistungssektor gibt. Die Folgen sind ähnlich negativ wie im Falle der »holländischen Krankheit«: eine Aufwertung der Währung, die die relativen Preise von Export- und Importprodukten verzerrt und die Rendite von Investitionen in Industrie und in »postindustriellen« Sektoren mindert. Obendrein werden nun die Volatilität der Finanzmärkte und deren Reaktionsgeschwindigkeit auf Zins- und Renditesignale zum Maßstab für die Extraktion und Produktion der Rohstoffe, die naturbedingt sehr viel träger auf Preisänderungen reagieren als monetäre Größen.

Darüber hinaus hat die Finanzialisierung zur Folge, dass viele öffentliche Dienstleistungen und Güter privatisiert und auf dem Markt verwertet werden können. Nun bekommt die im Kapitalismus von Anbeginn an angelegte Transformation der Natur in Naturkapital einen mächtigen Impuls. Denn im finanzgetriebenen Kapitalismus werden tauschbare Werte nicht mehr in erster Linie durch Arbeit (mit ihrem Doppelcharakter) gebildet, sondern mithilfe des Geschäftsmodells von »originate and distribute«: Werte werden durch »Originierung«, das ist die Verbriefung von Zahlungsverpflichtungen (aufseiten der Schuldner) und von Renditeerwartungen (aufseiten der Gläubiger, der Vermögensbesitzer) gebildet.

Marx hat diese Möglichkeit, die im modernen Kapitalismus erst seit Ende des 20. Jahrhunderts in großem Stil realisiert worden ist, bereits im dritten Band des »Kapital« (vor allem im Kapitel über das »zinstragende Kapital«) gesehen und die damit verbundenen Krisentendenzen dargestellt. »Mutter Natur« (»pachamama«) wird zum handelbaren Naturkapital, Ökosysteme bieten Dienstleistungen, die bezahlt werden müssen (»payment for ecosystem services«, PES), sodass daraus ein von der Weltbank und anderen internationalen Organisationen gefördertes Geschäft gemacht werden kann. Rechte zur Nutzung von Sphären der Natur werden generiert bzw. »originiert« und dann auf entsprechenden Märkten gehandelt. Bei den originierten Wertpapieren ist nicht mehr der Gebrauchswert Träger des Werts. Der Gebrauchswert ist die Handelbarkeit und die Erwartung, einen Arbitrage-Gewinn erzielen zu können. Nicht zu Unrecht wird dies als Lotteriespiel bezeichnet. Nahezu alle Naturressourcen können in handelbares (Wert-)Papier verdoppelt werden, z.B. indem Verschmutzungsrechte »originiert« und dann auf Emissionshandelsplattformen des europäischen »emissions trade systems« gehandelt werden.

Auch sind inzwischen »nicht-konventionelle« Agrarprodukte wie Blumen, tropische Früchte, exotische Tiere, moderne pharmazeutische Produkte im Angebot, und – im neuen Jahrhundert besonders wichtig – Biomasse für energetische Zwecke, vor allem Äthanol oder Diesel aus Zuckerrohr, Soja, Mais, Palmöl. In jüngster Zeit richtet sich die Nachfrage auch auf Seltene Erden und Metalle, ohne die eine »grüne Ökonomie« der Zukunft nicht funktionieren könnte. Davon gibt es in Lateinamerika genug, darunter Lithium, das in den Salzseen der Anden (Salares) von Bolivien bis Argentinien und Chile gefördert wird. Aus Lithium werden die Batterien der Elektromobilität und der Internetpräsenz mit Mobiltelefonen, Tablets und Laptops gebaut.

Das Öl geht aus, und dies wohl wissend investieren die Vereinigten Arabischen Emirate in Daimlers Elektroautos, die aber nur laufen, wenn Lithium-Ionen-Batterien zur Verfügung stehen. Das ist eine Chance für Lateinamerikas Neoextraktivismus (vgl. Emcke/Uchatius 2010). Der erneuerbare Treibstoff wird aus Biomasse gewonnen. Für den Anbau der Energiepflanzen wird sehr viel Land benötigt, das inzwischen in großem Stil von großen Konzernen und von den Regierungen einiger Staaten (der Golfstaaten z.B.) angeeignet wird, land grabbing genannt. Das funktioniert nur auf nicht-demokratische, häufig gewaltförmige Weise, mithilfe politischen, polizeilichen und militärischen Zwangs.

Inwertsetzung heißt immer, dass natürliche Ressourcen aus Naturräumen und -zeiten in die raum- und zeitlose ökonomisch-rationale Welt der Werte transponiert werden. Die Ressourcen werden dabei entweder aus ihrer Umwelt entfernt und auf entfernte Märkte zur Verwertung exportiert. Das wäre, so Gudynas (2013) die übliche Extraktion (Extracción). Man kann aber auch die Umwelt zerstören und entfernen, um die in Wert zu setzende Ressource am Ort frei von störendem Beiwerk ausbeuten zu können. Das wäre die rücksichtslose Extraktion bzw. die »Extrahección«. Das sind verschiedene Formen der Inwertsetzung von natürlichen Ressourcen (vgl. systematisch dazu Altvater/Mahnkopf 2007: 124ff.).

Doch dabei kann sich der Naturraum als ein gegenüber der ökonomischen Inwertsetzung höchst widerständiges soziales und ökologisches Feld herausstellen, auf dem einerseits immer neue Mythen von enormen Reichtümern eines El Dorado sprießen und auf dem sich andererseits die in Wert gesetzten Naturreichtümer immer wieder und für die Inwertsetzer frustrierend als Unwerte herausstellen. Die Inwertsetzung endet als Unwertsetzung, vor allem, wenn nicht mineralische und energetische Rohstoffe aus der Erdkruste gefördert werden, sondern wenn agrarische Rohstoffe angebaut werden müssen. Dann ist Konkurrenz um die Fläche unausweichlich. Es ist nicht gewährleistet, dass der Inwertsetzungszyklus erfolgreich mit der Verwandlung der in Wert gesetzten Ressourcen in Geld abgeschlossen werden kann. Die Rationalität der Inwertsetzung kann an der Redundanz scheitern, die für die biologische Evolution der Arten unverzichtbar ist.

8. Rationalisierung und Externalisierung oder: Kein Kapitalismus ohne externe Welt

Die in der europäischen Kultur verankerte kapitalistische Moderne hätte es nicht gegeben ohne eine »externe« Welt. Nur durch ihre (Aus-)Nutzung konnte und kann das Projekt der »rationalen Weltbeherrschung« realisiert werden. Bacon hätte seine Lehrsätze der Naturbeherrschung nicht entwickeln können, ohne die externe Natur unter das Seziermesser seiner Empirie zu zwingen. Daher wird die externe Welt erzeugt, wenn sie nicht schon da ist. Manchmal als Geisterwelt, wie Engels in »Die Naturforschung in der Geisterwelt« (MEW 20: 337ff., in diesem Band S. 157ff.) ausführt. Ressourcen werden der Natur entnommen, ohne die Zusammenhänge berücksichtigen zu können, in denen sich einzelne Elemente der Natur befinden, ohne dafür einen Preis anzusetzen, der alle Kosten deckt, ohne dem Gesamtzusammenhang Rechnung zu tragen, in dem einzelne empirisch beobachtete Prozesse nur einen Sinn ergeben. Die Natur wird in der europäischen Moderne in Wert gesetzt, also aus dem Gesamtzusammenhang herausgerissen, vereinzelt und als Naturressource in einen ökonomischen Kreislauf der Verwertung integriert, dessen Gesetzmäßigkeiten diejenigen der Natur und ihrer Evolution durchkreuzen.

In der europäischen Kolonialgeschichte sind einzelne »wertvolle« Ressourcen gewaltsam der Natur und den in ihr lebenden Menschen entrissen worden, ohne überhaupt nach Recht und Berechtigung oder auch nur nach monetärer Kompensation zu fragen oder die Konsequenzen für die Entwicklung von Natur und Gesellschaft in ihrer Gesamtheit zu berücksichtigen. Der Abfall wird in den Sphären des Planeten entsorgt ohne Rücksichtnahme auf andere Menschen und andere Lebewesen. Auch die »redundante Bevölkerung« Europas ist in den Siedlungskolonien der beiden Amerikas, Afrikas und Asiens – aus europäischer Sicht in fernen Welten – »entsorgt« worden. Aus der Sicht der südlichen Kontinente war dies der jahrhundertelange Prozess der Kolonialisierung, der zum imperialistischen Raubzug ausgedehnt wurde und häufig genug in beschämender Weise in »irrationalem Überschwang« ökologische, soziale, finanzielle, vor allem aber moralische Grenzen niedergerissen hat. Ohne die externe Welt und ohne deren Kolonialisierung hätte es die europäische Moderne nicht gegeben.

Es würde sie auch nicht geben, wenn nicht die europäisch geprägte Welt ihren Abfall, vom Elektroschrott über die Klimagase bis zu radioaktivem Müll, in anderen Weltregionen entsorgen würde. Das ist organisierte Entropiemigration auf Erden, die planetarische Manipulation des Gesamtzusammenhangs zugunsten der mächtigen kapitalistischen Gesellschaften, die es durch Zugriff auf externe Ressourcen und Externalisierung des Unbrauchbaren geschafft haben, den Entropieanstieg bei Extraktion, Produktion, Konsumtion und Emission durch Energie- und Materialzufuhr aus externen Welten zu kompensieren. Doch sind die externen Welten nicht entfernt genug, die Kugelfläche des Planeten Erde ist zu begrenzt, wie Immanuel Kant schon wusste, um die Emissionen wirklich verschwinden zu lassen. Das mag sich vielleicht ändern, wenn der Zugriff auf andere Planeten oder Galaxien einst gelingen sollte. Es spricht dafür aber nichts.

Die Frage der Rationalität hat spätestens seit Max Weber einen zentralen Stellenwert im Diskurs der Moderne. In ihm bündeln sich Entwicklungslinien und Denktraditionen mit sehr unterschiedlicher Herkunft. Einerseits die Tradition seit der europäischen Aufklärung des 16. Jahrhunderts mit ihrer langen Vorgeschichte, die bis zur griechischen Antike oder der arabischen Naturwissenschaft und Philosophie zurückverfolgt werden kann. Die Moderne bot Anlass für großen Optimismus. Am Anfang des bürgerlichen Zeitalters konnte ein Spötter wie Bernard de Mandeville noch verkünden, dass sich private Laster nicht nur in privaten, sondern in öffentlichen Wohlstand verkehren (Mandeville 1702/1957). Moralische Beweggründe gegen die Lasterhaftigkeit waren also fehl am Platze, der Wohlstand kann gerade dann beschleunigt wachsen, wenn das Tun der Akteure unmoralisch ist: Denn, so dichtet Mandeville in der »Bienenfabel«, wenn »man auf Luxus jetzt verzichtet, so ist der Handel bald vernichtet. Manch Handwerk mehr und mehr verfällt, Betriebe werden eingestellt.« Die Moral der Fabel ist eindeutig: »Mit Tugend bloß kommt man nicht weit; Wer wünscht, daß eine goldene Zeit zurückkehrt, sollte nicht vergessen: Man mußte damals Eicheln essen.«

Laster also bringen Wachstum, Wohlstand und Glück. So lautet die optimistische Botschaft des frühen Bürgertums. Das ist auch das Versprechen der klassischen politischen Ökonomie seit Adam Smith. Das Projekt der Moderne hat seit dem 18. Jahrhundert mit dem sozialen Wandel in Permanenz auch eine Modernisierung in Permanenz ausgelöst. Die Modernisierung stellt sich als steigender Wohlstand dar, erzeugt aber auch soziale und politische Institutionen, materielle und immaterielle Infrastrukturen, urbane Agglomerationen, die – obwohl Folge – die Modernisierung erst möglich machen. Diesen paradoxen Zirkel zwischen der Voraussetzung von Modernisierung, die aber erst ihre Folge sein kann, haben die europäischen und neoeuropäischen Gesellschaften mit Bravour in den vergangenen 250 Jahren bewältigt.

Die Erfolgsgeschichte hat aber Hybris zum Ergebnis, die sich diskursiv als Überlegenheit und manchmal auch Überheblichkeit der Moderne und der Postmoderne gegenüber traditionellem Denken und als »Verachtung der Dialektik«, wie Engels warnt, ausdrückt. Die instrumentelle Rationalität erweitert sich zu einem System von Institutionen, Regeln, Haltungen, aber auch von technischen Apparaten. Sie alle bilden ein System der Steigerung des »Wohlstands der Nationen«, formen ein Netzwerk der Kontrolle und Beherrschung und bringen Denkmuster hervor, die in pluraler Vielfalt dem ökonomischen System der Externalisierung und der politischen Herrschaft die Rechtfertigung liefern.

Das ist nicht nur ideologiekritisch zu entschlüsseln, sondern muss auch als eine große historische Leistung interpretiert werden. Diese zeigt sich, wenn wir die Modernisierungsversuche in anderen Weltregionen betrachten. Die Modernisierung ist in vielen Fällen gescheitert. Die Gründe für dieses Scheitern sind Thema der Modernisierungstheorien. In Lateinamerika sind in Auseinandersetzung damit Theorien der Unterentwicklung entstanden. Wichtig ist dabei eine doppelte Neuerung, die für die weitere theoretische Diskussion der Moderne große Bedeutung besitzt. Erstens wird die strukturelle Heterogenität vieler Gesellschaften betont. Sie schaffen es mangels sozialer Kohärenz nicht, den sozialen Wandel als Charakteristikum der Moderne zu beschleunigen und die dabei unvermeidlichen Konflikte sozial und politisch zu regulieren. In postmoderne Vielfalt kann man sich da nicht flüchten, denn eine Gesellschaft kann ohne ein balancierendes System des sozialen Ausgleichs nicht gut funktionieren.

Von großer Bedeutung ist dabei zweitens die Ungleichheit bei der Verteilung von Einkommen und Vermögen. Diese wirkt sich ökonomisch nachteilig aus, weil Nachfrage und Produktionsstrukturen dadurch beeinflusst werden und nicht mehr zueinander passen. Die Kompatibilität von monetären Flüssen auf Märkten und von ökonomischen und gesellschaftlichen Strukturen wird untergraben. Mit diesem Argument wird die wachsende Ungleichheit der Einkommen und Vermögen nicht nur moralisch und politisch, sondern auch als wenig rational kritisiert, weil die wirtschaftliche Effizienz in Mitleidenschaft gezogen wird, und mit ihr der soziale und politische Konsens. Dann ist die Hegemonie der kapitalistischen Herrschaft in Gefahr.

Die Rationalität der Teile und des Ganzen

Hier zeigt sich ein nicht zu behebender Defekt der europäischen Rationalität des Denkens und Handelns. Die Rationalität ist nämlich nicht holistisch, auf das Ganze bezogen, sondern darauf ausgelegt, partiell Mittel und Zweck ins Verhältnis zu setzen und dabei alles auszuklammern, was für diese Zweck-Mittel-Relation unerheblich oder gar negativ folgenreich wäre. Die europäische Rationalität ist also eine Rationalität mit Scheuklappen. Wir müssen einerseits auf eine externe Welt zurückgreifen und wir »externalisieren« andererseits alles, was unsere Ziel-Mittel-Rationalität innerhalb »unseres Systems« beeinträchtigt. Nur was dann noch übrig bleibt, gestalten wir rational, beschleunigen alle Prozesse, um Raum und Zeit zum Zwecke der Produktivitätssteigerung zu komprimieren. Doch alles, was heute externalisiert wird, kommt irgendwann in der Zukunft zurück und mindert die Rationalität des Handelns morgen. Die instrumentelle Rationalität der kapitalistischen Moderne erfasst immer nur einen kleinen Ausschnitt eines Totalitätszusammenhangs, des von Jason Moore so genannten »web of life«. Dessen unüberschaubare Interdependenzen bleiben in der Rationalität der kapitalistischen Moderne unberücksichtigt. Daher fehlt den Akteuren der holistische Überblick. Die Interdependenzen können nicht geplant und daher auch nicht beherrscht werden, sie ufern aus. Rationalität ist also in der Moderne das alles Denken und Handeln bestimmende Prinzip der europäischen Weltbeherrschung, das aber begrenzt ist und deshalb zu Überraschungen – und zu Kränkungen, wie Klingholz (2014) hervorhebt – Anlass gibt.

Die der kapitalistischen Gesellschaft eigene Rationalisierung lebt von der Externalisierung, auf der Inputseite von der »Landnahme« (die Klaus Dörre zu einem zentralen Thema gemacht hat), der Aneignung von Ressourcen zum Zwecke der Inwertsetzung und auf der Outputseite von der Versenkung von allem, was unbrauchbar, wertlos zu sein scheint und auch nicht in Wert gesetzt werden kann, in den Deponien der Sphären des Planeten Erde. Die Moderne mit ihrer okzidentalen Rationalität der Weltbeherrschung gerät also jenseits des Ereignishorizonts (in der Zeit) und jenseits der räumlichen Grenzen in einen Bereich, wo das, was rational gewesen ist, wie durch böse Zauberhand ins Irrationale umschlägt. Die Rationalität des Handelns einzelner bricht sich an der Irrationalität des Ganzen. Das hatte schon Georg Lukács (1923) thematisiert. Die Krise gehört zur kapitalistischen Normalität.

Und das war schon Thema, als sich Engels mit der Dialektik der Natur auseinandersetzte. Aber die Krise wurde vor allem als ökonomische und gesellschaftliche interpretiert, nicht als Krise der Natur, als ökologische Krise. Dennoch war der Schatten einer begrenzten Welt schon sichtbar. Es war auch klar, dass die Verallgemeinerbarkeit individueller Handlungen und ihrer Folgen in einer begrenzten Welt gesellschaftliche Verhältnisse verlangt, »worin die freie Entwicklung eines jeden die Bedingung für die freie Entwicklung aller ist«. So schreiben Marx und Engels im »Kommunistischen Manifest« von 1848 (MEW 4: 482). Die beiden Begründer des wissenschaftlichen Sozialismus waren also sehr weitsichtig und haben die Konsequenzen der Übernutzung bzw. Überlastung der Natur für das Zusammenleben der Menschen auf dem begrenzten Erdball klar erkannt und geschlussfolgert, dass die gesellschaftlichen Verhältnisse zu verändern sind, wenn auf die Herausforderungen der Krise Antworten gefunden werden sollen.

Die Regel, die sie aufstellen, kann sowohl für freie als auch für positionelle Güter zutreffen. Es sind dann aber zugleich alle gesellschaftlichen Verhältnisse »umzuwerfen, in denen der Mensch ein erniedrigtes, ein geknechtetes, ein verlassenes, ein verächtliches Wesen« ist (MEW 1: 385), in denen der oder die einzelne nur als kaufkräftige Nachfrager(in) zählt und die Naturbedingungen der menschlichen Existenz missachtet werden. Die Grenzen der Natur sind also von Belang für die ökonomische und gesellschaftliche Entwicklung und daher auch für die Theoriebildung – und für das politische Handeln gesellschaftlicher Bewegungen. Die neoklassisch-neoliberale Standardökonomie und das Knappheitsprinzip machen nur Sinn, solange die Waren auf dem Markt keine Mangelware, solange sie keine positionellen oder oligarchischen Güter in Harrods Konzeption (Harrod 1958) sind. Das heißt: die Standardökonomie hat, von all ihren sozialen und ökologischen Blindstellen abgesehen, sowieso und ganz prinzipiell nur Erklärungskraft vor dem Peak Everything – so lange alle auf dem Markt getauschten Güter einfach und leicht reproduzierbar sind. Nach dem Peak brauchen wir eine neue ökonomische Theorie. Bei der Suche danach sind Engels und Marx sehr brauchbare und hilfreiche Wünschelrutengänger.

In den klassischen und noch stärker in neoklassischen Interpretationen des gesellschaftlichen Verhältnisses zur Natur spielt die individuelle Rationalität von Entscheidungen über knappe Ressourcen eine zentrale Rolle. Die neoklassische Grundkategorie der *Knappheit* ist etwas anderes als das ursprünglich malthusianische Konstrukt des *Mangels* (dazu ausführlicher Altvater 1992). Der Begriff der Knappheit wird die Basis des »methodologischen Individualismus« (Schumpeter 1908), also der geliebten »Robinsonaden« in einer ökonomischen Theorie, die sich aus der »Politischen Ökonomie« theoretisch entbettet hat. Ihr Konstrukt des »Homo Oeconomicus« wird wie Goethes Homunkulus in der Retorte geboren, ist von Anfang an mit der Rationalität des Waren- und Geldfetischisten ausgestattet und respektiert die von der Wissenschaft ausgearbeiteten Regeln der Externalisierung, ist aber für eine Welt, die sich nicht in der Retorte heimisch fühlt, unbrauchbar.

Informationelle und materielle Exernalitäten

Der Markt gilt in der vorherrschenden ökonomischen Theorie als effizient und rational. Daher mindert alles, was zu seinem Versagen beiträgt, die Rationalität des Handelns der Marktakteure. Das Versagen wird durch asymmetrische Informationen der Marktteilnehmer, korruptive Praktiken oder monopolistische Marktmacht verursacht, vor allem aber ist es eine Folge der in der Kostenrechnung nicht berücksichtigten Externalitäten. Also ist in der neoklassischen Ökonomie die Externalisierung keine Bedingung der Rationalität, sondern Ausdruck oder Anzeichen von Marktversagen.

Das kann nur so sein, weil Externalität informationell, als externe Beeinflussung von Marktsignalen interpretiert wird, nicht als eine Kaskade von Effekten infolge der Kuppelproduktion mit nachteiligen Konsequenzen für die Natur, in der Produktionsprozesse ihren Ort und ihre Zeit haben. Daher kann eine »Rationalitätspyramide« (Döbert 1989) zweckrationalen Handelns unterstellt werden. Mittel, Zweck, Werte und Folgen des Handelns können kontrolliert werden. Externalitäten aber zeigen an, dass die Kontrolle von Folgen, möglicherweise sogar von Werten und Zwecken beeinträchtigt ist. Das ist eine Rationalitätsfalle, der begegnet werden kann, indem externe Effekte internalisiert werden. Umgangssprachlich wird dann gefordert, dass »Preise die Wahrheit sagen«, um der Rationalität die Rückkehr ins ökonomische Feld rational handelnder Wirtschaftssubjekte zu gestatten. In elaborierteren Ansätzen werden Algorithmen für privatwirtschaftliche Verhandlungen zwischen Verursachern und Betroffenen von Umweltschäden ausgearbeitet (Coase 1960) oder staatliche Steuern zur Kompensation von Umweltbelastungen erhoben (Pigou-Steuern). Auch Zertifikate werden eingesetzt, um das Recht erwerben zu können, die Umwelt, z.B. die Atmosphäre mit CO_2-Emisionen, belasten zu dürfen (Dales 1968). Alles das dient der Internalisierung externer Effekte in der Kostenrechnug der Privaten.

Die Internalisierung von externen Effekten – auf welche Weise auch immer herbeigeführt – gilt also als Zugewinn von Rationalität. Das ist zwar auf den ersten Blick einleuchtend und ein nicht hinterfragtes Mantra der ökologischen Ökonomie, ist aber nichtsdestotrotz fragwürdig. Denn dabei wird erstens verdrängt, dass Externalisierung höchst zweckrational ist. Denn alles, was den Erfolg schmälern könnte, wird aus dem Rationalkalkül externalisiert. Die Dialektik der Entwicklung gilt also nicht nur für das System, sondern auch für das Räsonnement über das System. Insbesondere in der Ökonomie wird dies zum Prinzip erhoben: möglichst hohe Erträge mit möglichst geringen Kosten, einen großen Wohlstand mit geringem Aufwand, eine möglichst hohe Rendite auf das eingesetzte Kapital, eine möglichst hohe Profitrate auf den Kapitalvorschuss. Die Kennziffern für diese Art von rationaler Gegenüberstellung von costs und benefits sind vielfältig wie die Moderne, und sie werden den Geschäftsbedürfnissen einzelner Unternehmen angepasst. Sie sind in einem fordistischen Unternehmen andere als in einem Investmentfonds des finanzgetriebenen Kapitalismus zu Beginn des 21. Jahrhunderts.

Immer aber stellt sich die Frage, ob überhaupt alle Kosten und Erträge kalkuliert werden (können). Kosten zu externalisieren und auf externe Quellen von Gewinn und Wohlstand zurückzugreifen, ist rational, ist ein zentrales Element des Projekts der Moderne. Dies ist sozusagen die Startseite der seit dem »langen 16. Jahrhundert« sich wie ein Lauffeuer im globalen Raum des kapitalistischen Weltsystems verbreitenden »großen Erzählung« von Kapitalakkumulation als Modernisierung und Rationalisierung. Diese Geschichte ist bis heute noch nicht zu Ende erzählt. Es ist nicht zu sagen, welches Kapitel gerade aufgeschlagen ist. Wir wissen nur, dass es am Schluss kein Happy End geben wird, weil die externen Welten begrenzt sind wie die Kugelfläche des Planeten Erde und dann die Externalisierung nicht gelingt. Was nützt es, die Kosten der Erderwärmung zu kalkulieren oder auszurechnen, welche monetären Auswirkungen der Verlust der Artenvielfalt hat, wenn dadurch die Erderwärmung oder der Artentod nicht aufgehalten werden? Externe Effekte haben wie die ordinäre Ware auch einen doppelten Charakter. Auch wenn sie außermarktmäßige Effekte sind und daher keinen Marktpreis haben, üben sie auf das Informationssystem des Marktes und zugleich auch auf Stoff-, Energie- und Informationsflüsse Wirkungen aus, die irreversibel sind. Den 100.000 Jahre strahlenden Atommüll werden wir nicht los. Denn ein Endlager kann es auf dem Planeten Erde nicht geben, weil es keine technischen Möglichkeiten gibt, die Begrenztheit des Planeten im Raum und dessen Endlichkeit in der Zeit mit menschlichen Mitteln zu überwinden.

Im Rationalitätsdiskurs der Moderne wird also dem Doppelcharakter der ökonomischen Prozesse nicht Genüge getan. Die stofflich-energetische Seite bildet ein »web of life«, den »dialektischen Gesamtzusammenhang«, ein komplexes System, das sich nur schwer oder gar nicht in lineare Ursache-Wirkungs-Folgen oder kalkulierbare Kosten-Nutzen- oder Ziel-Mittel-Relationen aufschlüsseln lässt. Der Rationalität sind also Komplexitätsgrenzen gesetzt. Mit okzidentalen Rationalitätsregeln ist in einem holistischen System nicht zu arbeiten.

Rationalisierung durch Geo-engineering

Oder doch? Es sollte doch angesichts der Errungenschaften der Moderne gelingen können, die Externalisierung der Emissionen und den Zugriff auf externe Räume mit neuen Energien und Rohstoffen innovativ fortzusetzen! Warum sollte es nicht möglich sein, die planetarische Natur als äußere Ressource auch weiterhin zu plündern und als externe Deponie für alle Exkremente des gesellschaftlichen Stoffwechsels zu nutzen? Auf »begrenzter Kugelfläche des Planeten« aber wird unweigerlich die externe Natur zu einer inneren Angelegenheit der gesellschaftlichen Gestaltung der Natur.

Das hat in kleinem Maßstab eine lange Tradition, von der Veredelung des Saatguts über die Domestizierung von Tieren, die Ausnutzung der kinetischen Energie der Fließgewässer oder den Bau von Brücken über die Abgründe der Natur. Doch haben infolge der kapitalistischen Dynamik in Zeit (Beschleunigung) und Raum (Expansion) die Naturveränderungen globale Reichweite. Sie haben die schon erwähnten »planetary boundaries« erreicht oder gar überschritten, wie Geowissenschaftler warnend analysieren (z.b. Rockström u.a. 2009). Nun erfordert die gesellschaftliche Gestaltung des Naturverhältnisses Eingriffe in planetarischer Größenordnung. Das geht prinzipiell auf zwei Weisen. Die erste ist die Fortsetzung der europäischen Rationalität der Weltbeherrschung, nun aber mit planetarischer Reichweite, die andere ist die Suche nach einer anderen, holistischen Rationalität. Damit ist unvermeidlich die »Systemfrage« aufgeworfen: Kann die kapitalistische Gesellschaftsformation in Zukunft so bleiben, wie wir sie kennen?

In Verfolgung der ersten Alternative werden mit enormem Aufwand des »Geo-engineering« Reparaturkolonnen losgeschickt, gegen den Klimawandel, den Verlust der Artenvielfalt, die Kontaminierung von Biotopen, auch gegen die Unwirtlichkeit der Städte, gegen die Auswirkungen der globalen Wirtschafts- und Finanzkrise, gegen den als Terrorismus deklarierten Zerfall der globalen Ordnung in das Chaos von Clanherrschaft, bewaffnetem Fundamentalismus und Bürgerkriegen, und nicht zuletzt zum systematischen Abfangen von Daten in den globalen Kommunikationsnetzen. Dabei irritiert die Erwartung, dass die ökonomisch rational und ökologisch irrational Handelnden nun in der Lage sein sollten, die »große Transformation« einer globalen Zivilisation, die sich »ihrer Bedeutung als formende Kraft zunehmend bewusst wird«, zu bewältigen (Kurzweil 2013). Nun erschließt sich die politische Bedeutung der Unterscheidung von Anthropozän und Kapitalozän. Im Anthropozän sind »die Menschen« in ihren mehr oder weniger entwickelten Gesellschaftsformationen die dramatis personae, die ihre Erdgeschichte gestalten können und sie seit der Neolithischen Revolution gestaltet haben. Im Kapitalozän sind die wichtigsten formenden Kräfte die Regierungen und internationalen Organisationen, vor allem aber die großen Banken, Unternehmen, Investmentfonds, Ölkonzerne etc., die die Bewegungsgesetze des Kapitals exekutieren und dabei auch unweigerlich und mit höchster okzidentaler Rationalität die negativen Wirkungen der völlig rationalen Externalisierung auf Gesellschafts- und Erdsysteme ausüben.

Im Kapitalozän haben zunächst die Geo-Ingenieure das Sagen, die mit exakt jener Rationalität und Technik die Probleme zu lösen versuchen, die sie verursacht haben. Es ist die binäre Rationalität des aufgeklärten Zeitalters, die, wie Engels befürchtete, »die Dialektik verachtet«. Skepsis ist von vornherein angebracht. Denn, so Albert Einstein, »Probleme kann man niemals mit derselben Denkweise lösen, durch die sie entstanden sind«. Daher stehen Geoingenieure vor einer schier unlösbaren Aufgabe. Sie müssen nicht ein Auto konstruieren oder einen Fluss aufstauen oder ein Atomkraftwerk reparieren, was schon schwierig genug ist, sondern Erdsysteme steuern, um planetarische sozialökologische Beziehungen, die sich als katastrophal für die Evolution herausgestellt haben, zu internalisieren – informationell und materiell. Das aber widerspricht grundsätzlich dem Rationalkalkül der kapitalistischen Moderne. Die Rationalisierung müsste holistisch werden. Doch genau dies ist ausgeschossen, folgt doch Geo-engineering derselben Denkweise, die für das Zustandekommen der Probleme verantwortlich ist, die nun ingenieursmäßig bewältigt werden sollen.

Die meisten Probleme des modernen Kapitalismus sind entstanden, weil mit der industriell-fossilen Revolution eine neue Geschichte begann. Marx und Engels, ich habe darauf hingewiesen, haben die ganze Tragweite verstanden, die die Entstehung der »Großen Industrie« mit sich brachte. Denn es werden nicht nur Arbeit und Natur »reell« (und nicht formell) unter das Kapital subsumiert, auch nicht nur Bewunderung erregende und Begeisterung auslösende technische Artefakte errichtet, die auf Weltausstellungen besichtigt werden können. Die binäre Rationalität der Moderne füllt nicht mehr nur die Köpfe der Personifikationen von Arbeit und Kapital. Sie wird auch in die Maschine und das Maschinensystem der Industrie inkorporiert. Die rationalisierende Zwangsjacke ist nicht mehr vor allem spirituell, sondern eisern materiell.

Der wichtigste historische Einschnitt der industriell-fossilen Revolution aber ist die Schließung des globalen Energiesystems, als die fossilen Energieträger und nicht mehr die Strahlenenergie der externen Energiequelle Sonne zur hauptsächlichen Energiequelle aufstiegen. Das ist, als ob ein dunkler Vorhang vor das einstrahlende Sonnenlicht gespannt worden wäre (vgl. Altvater 2014a). Die Nutzenergie wird seitdem zu etwa 80% aus den »Bordmitteln« der Erde (aus den Reserven von Kohle, Öl und Gas) gefördert und die Verbrennungsrückstände werden in der Atmosphäre gespeichert, mit der Folge einer Veränderung der Strahlenbilanz des Planeten. Was diese erdgeschichtliche Revolution bedeutet, ist im vierten Kapitel angedeutet worden. Die kapitalistische Modernisierung durch Externalisierung gerät unweigerlich an ein Ende, das durch die Verfügbarkeit von natürlichen Ressourcen, menschlichen Arbeitskräften und die Tragfähigkeit der Sphären der Erde für die Emissionen der modernen kapitalistischen Gesellschaften auf Erden definiert ist. Die Menschheit kann sich so lange der Rationalität der Moderne in ihrem individuellen und kollektiven Handeln verpflichten, wie externe Welten verfügbar sind.

Diese Definition ist hart und kann durch Geo-engineering nach heutigem Wissensstand nicht aufgeweicht werden. Weder »solar radiation management« [Beeinflussung der Sonneneinstrahlung] noch »Carbondioxid capturing and storage« [CO_2-Abscheidung und Speicherung] sind technisch machbar und auch nicht politisch und ethisch verantwortbar. Ingenieure sind zum holistischen Denken nicht qualifiziert. Sie bekämpfen die Folgen der Externalisierung (z.B. der Treibhausgasemissionen), indem sie diese erneut externalisieren (z.B. indem sie die Sonne verdunkeln, um die solare Wärmestrahlung zu reduzieren – insofern ist das Bild von dem dunklen Vorhang vor der Sonne noch nicht einmal übertrieben). Sie setzen also die Methode des fossilen Zeitalters in absurder Weise fort, das Energiesystem durch Verdunkelung der Sonne noch weiter zu schließen.

Auch der Rückgriff auf die externen Welten billiger und reichlich verfügbarer Energie und Rohstoffe, billiger Nahrungsmittel und billiger Arbeitskraft – das sind die »four cheaps«, die Jason Moore (2014) als Bedingung der kapitalistischen Akkumulation benennt – wird schwieriger. Die Ressourcen werden teurer und die Kosten der Entsorgung der Emissionen steigen. Davon versprechen sich ökologische Ökonomen Impulse für ein »Wachstum der Grenzen« des Wachstums, für die Rentabilität der Bereitstellung alternativer Treibstoffe, Materialien oder Lebensmittel. Aber auch die Suche nach nicht-konventionellem Öl und Gas in fragilen Ökosystemen, in den polaren Meeren und in der Tiefsee, in den Ölsänden Kanadas und Venezuelas kann beginnen und neue Fördertechniken wie das Fracking werden rentabel und daher eine goldene Gelegenheit für wagemutige »Investoren«.

Gewaltige Investitionen sind ja notwendig, die rentabel scheinen, weil der Ölpreis infolge von Peak Oil und steigender Nachfrage nach oben weist. Aber dieses Signal ist im Kapitalozän gefährlich, weil irreführend. Denn das zusätzliche Angebot unkonventionellen Öls drückt auf den Preis, sodass viele Investitionen unrentabel werden. Kredite werden notleidend, und wenn dies in größerem Ausmaß geschieht, platzt die Investment-Blase des Fracking. Vor der ökologischen und der Energiekrise wird noch eine Finanzkrise mit all ihren verheerenden Folgen ausgelöst. Das genau ist nach dem »Fracking Boom« in den USA, begünstigt durch den bis zum Juli 2014 rapide steigenden Ölpreis, seit dem Herbst 2014 geschehen, weil der Ölpreis sich in kurzer Frist halbierte. Wenn konventionelle Energieträger und Rohstoffe zur Mangelware, daher knapp und folglich teuer werden, lohnt es sich, in nicht-konventionelle Energieträger und Materialien zu investieren. Der Marktmechanismus kann auf Knappheit reagieren, aber nicht der »Dialektik der Natur« und dem Mangel entkommen, die nun als ökonomische Dialektik böse Streiche spielt, wie beim nicht-konventionellen Öl und Gas beobachtet werden kann. Investitionen in Gasfracking werden zwar in den USA zunächst rentabel, zumal durch die Politik des leichten Geldes Kredite zur Finanzierung der Investitionen in der ersten Hälfte des zweiten Jahrzehnts des 21. Jahrhunderts in den USA billig sind. Der Marktmechanismus sorgt dann bei erhöhtem Angebot auf globalen Energiemärkten aber für niedrigere Preise bei Öl und Gas. Dann kann es passieren, dass Investitionen sich trotz extrem niedriger Zinsen nicht auszahlen und Kredite »faul« werden. Im Gesamtzusammenhang von Natur, Gesellschaft, Ökonomie transformiert sich ökologischer Mangel in ökonomische Knappheit und die daraus resultierenden prozessierenden Widersprüche in ökonomische und ökologische Krisen. Eine Fracking-Blase kann sich bilden, die eine Finanzkrise auslöst.

Obendrein unterminiert der Verfall von Rohstoffpreisen (in erster Linie natürlich des Ölpreises) die Strategien des Neo-Extraktivismus, die im ersten Jahrzehnt des 21. Jahrhunderts dem »Rohstofffluch« ein Ende zu bereiten schienen. Doch wenn Exporteinnahmen und das Staatsbudget wie in fast allen Rohstoffländern von der Entwicklung der Rohstoffpreise abhängig bleiben, sind alle die Krisenerscheinungen von Extraktionsökonomien, die aus der Geschichte bekannt sind (und im vorangegangen Kapitel erwähnt wurden), auch heute und vielleicht morgen gegenwärtig.

Mit Geo-engineering kann gegen diesen systemischen Gesamtzusammenhang nichts ausgerichtet werden. Gegen die Wirkungszusammenhänge der Preisbildung (auf der Tauschwertseite) ist Geo-engineering sowieso machtlos. Doch das gilt auch für die konkrete, die Gebrauchswertseite der Energieströme. Die Erde gegenüber der Sonnenstrahlung zu verdunkeln, wäre eine erste Maßnahme, um sie am Ende des Kapitalozän in einen untoten Zombie-Stern zu verwandeln. Radiation Management ist also selbst für Geo-Ingenieure nichts. Wäre Carbon Capturing and Storage (CCS) eine Methode, um die Wärmeabstrahlung der Erde zu steigern, damit die Erdmitteltemperatur tolerabel für die Evolution des Lebens bleibt? Die einfachste, sicherste und daher von Ingenieuren unter technischen Gesichtspunkten zu präferierende Methode wäre es, die fossilen Brennstoffe im Boden zu lassen, also nicht zu verbrennen und kein CO_2 zu erzeugen, also auch keine Treibhausgase mehr zu emittieren. Dies ist ja angesichts der Dringlichkeit der Stabilisierung des globalen Klimasystems der Vorschlag, wenn nicht eine unabweisbare Forderung der Klimawissenschaft. Darauf wurde bereits im ersten Kapitel hingewiesen und gleichzeitig gezeigt, dass wegen des Doppelcharakters aller ökonomischen Prozesse die Kohlenstoffreserven im Boden in Wert gesetzt werden. Erst dann sind sie Kapital, das in den Bilanzen des Unternehmens steht. Es wird vernichtet, wenn es im Boden bleibt und nicht auf dem Markt in Ware und Geld verwandelt wird. Kapital ist ein ruheloser Geist, der zirkulieren und sich immer wieder in Geld verwandeln muss, um den Wert zu verwerten. Ein Ingenieur müsste also nach alternativen Kapitalanlagen suchen, die keine oder tolerable Emissionen von Treibhausgasen auslösen, oder sich auf die Suche nach einem post-industriellen Wirtschaftssystem machen, das keine fossilen energetischen Inputs benötigt.

Das ist die Probe aufs Exempel des Doppelcharakters der ökonomischen Prozesse. Diese sind Transformationen von Werten (Geld und Kapital) und von Stoffen und Energien auf inzwischen planetarischer Ebene. Stoffwechsel (vom Öl in CO_2) und Formwandel (von den Ware in Geld, von »wet oil« in »paper oil«) geschehen ganz praktisch ohne theoretische Reflexion, nicht absichtsvoll, sondern spontan, und ingenieursmäßig verhindern kann man die dabei unvermeidlichen negativen externen Effekte auch nicht.

9. Ökonomischer oder ökologischer Kollaps

Obwohl Engels und Marx auf der einen Seite die Entwicklung der Produktivkräfte preisen – berühmt sind die einschlägigen Passagen im Kommunistischen Manifest –, sind beide sich der Destruktivkräfte, die ihre Kehrseite darstellen, immer sehr bewusst. Das wurde bereits in den »philosophisch-ökonomischen Manuskripten« von 1844 deutlich. Auch im »Kapital« findet man am Ende des 13. Kapitels des ersten Bandes über die »Maschinerie und große Industrie« diesen Widerspruch in der viel zitierten Passage über den »Fortschritt der kapitalistischen Agrikultur«, der »nicht nur ein Fortschritt in der Kunst, den Arbeiter, sondern zugleich in der Kunst, den Boden zu berauben (ist), jeder Fortschritt in Steigerung seiner Fruchtbarkeit für eine gegebne Zeitfrist (ist) zugleich ein Fortschritt im Ruin der dauernden Quellen dieser Fruchtbarkeit… Die kapitalistische Produktion entwickelt daher nur die Technik und Kombination des gesellschaftlichen Produktionsprozesses, in dem sie zugleich die Springquellen alles Reichtums untergräbt: die Erde und den Arbeiter.« (MEW 23: 529f.) Die Subsumtion natürlicher Zyklen und raumzeitlicher Regimes unter die industriellen Zyklen des Kapitals und deren auf Beschleunigung zur Produktivitätssteigerung getrimmtes Raum-Zeit-Regime hat schädliche Auswirkungen auf die Umwelt, auf die natürliche ebenso wie die kulturelle Umwelt und auf das gesellschaftliche System insgesamt.

Dabei ist die subjektive »Regulation des gesellschaftlichen Naturverhältnisses« weniger wichtig als der objektive, materiale Sachverhalt der Naturschädigung, weil der für die biologische Evolution unabdingbaren Redundanz nicht Rechnung getragen wird, obwohl wir davon profitieren. Die Äpfel am Baum, der Rogen der Fische, der Nektar der Blüten sind alle abundant und redundant da, zum Wohle der Evolution der Arten, und als Quelle von Nahrung für Menschen.

Der raum-zeitliche Gesamtzusammenhang von Natur und Gesellschaft bekommt mit dem expandierenden Eingriff in die planetarischen Ökosysteme einen immer größeren Radius. Das ist der Grund, weshalb Naturwissenschaftler inzwischen vom Anthropozoikum oder Anthropozän, also dem Menschenzeitalter sprechen. Als Engels die Hand als Organ und gleichzeitig als Produkt der Arbeit bezeichnete, hatte er noch nicht den planetarischen »dialektischen Umschlag« vor Augen, den wir heute erleben: Die Natur des Planeten Erde ist nicht nur Material menschlicher Inwertsetzungsstrategien im Kapitalismus, sondern zugleich Produkt der Inwertsetzung. Das ist ein weiterer Grund, dieses Zeitalter einer in planetarischen Dimensionen in Wert gesetzten Natur das Kapitalozän zu nennen. Hinzu kommen die Erkenntnisse der Naturwissenschaft, dass wir uns inzwischen nahe den Kipppunkten der Erdsysteme befinden. Der ökologische Kollaps in planetarischen Größenordnungen ist also nicht ausgeschlossen.

Der Umweltraum, dessen Zeiten und dessen Grenzen, sind ein zentraler Topos in der ökologischen Debatte um die Tragfähigkeit der Natur (heute sagt man eher: von Ökosystemen). Engels' These von der (mehrdimensionalen) Verwobenheit natürlicher, sozialer und politischer Prozesse, von ihrem Entstehen und Vergehen (z.B. MEW 20: 22) und dann von den Denkformen, die Menschen entwickeln (müssen), wenn sie mit ihrer Praxis diese Prozesse auslösen und in Gang halten, stützt das Urteil, dass »einseitige Empirie,... die sich das Denken möglichst selbst verbietet,... nicht nur falsch denkt, sondern auch nicht imstande ist, den Tatsachen treu zu folgen..., die also in das Gegenteil von wirklicher Empirie umschlägt« (MEW 20: 395). Man »verachtet in der Tat die Dialektik nicht ungestraft« (MEW 20: 346). Man könnte angesichts der schwer durchschaubaren Komplexität der Gesellschaftsgeschichte und Naturentwicklung diese Warnung aus der »Dialektik der Natur« als ein Plädoyer für kritische Multidisziplinarität und für eine kritische Empirie in den Wissenschaften und für eine die Gesellscaft verändernde politische Praxis lesen.

Diese Debatte erhält eine gewisse Dramatik dadurch, dass sich manche Ökosysteme so verhalten, wie in Engels' Naturdialektik angesprochen. Im Zuge der quantitativen Entwicklung ändern sie die Qualität. Diese Umschlagspunkte werden heute als »Kipppunkte«, als »tipping points« bezeichnet. Ökosysteme brechen zusammen, und es kann sogar sein, dass dies wegen der globalen Reichweite menschlicher Eingriffe in Naturkreisläufe auf planetarischer Ebene geschieht. Denn der Kapitalismus ist ein »weltökologisches System« geworden, das im Prozess seines Werdens und Wandels die Akkumulation des Kapitals mit der Etablierung neuartiger Machtverhältnisse und der »Produktion von Natur« verkoppelt (Moore 2012: 74; Moore 2014).

Anders als in sozialwissenschaftlichen Ansätzen, die im besten Falle »soziale Auswirkungen« von Naturkatastrophen zum Gegenstand ihrer Analyse machen, rückt der weltökologische Blick den (gestörten) Stoffwechsel zwischen Mensch und Natur, das planetarische gesellschaftliche Naturverhältnis als Gesamtzusammenhang ins Zentrum. Die Organisierung globaler Wertschöpfungsketten oder die Unterwerfung des Alltagslebens unter die Renditeanforderungen globalisierter Finanzmärkte haben Auswirkungen auf biophysische Wirkungszusammenhänge und können daher als Ausdruck sowohl von sozialen wie von »Umweltkrisen« charakterisiert werden (vgl. Mahnkopf 2013). Wo und wann die eine im Vordergrund steht und nicht die andere – und umgekehrt – ist von geringer Bedeutung, weil es immer um die Totalität des gesellschaftlichen Naturverhältnisses geht.

Lokale ökologische Krisen gab es auch in vorkapitalistischen Zeiten, wie Jared Diamond oder Joseph Tainter (Diamond 2006; Tainter 1988; auch Ehrlich/Ehrlich 2013) in ihren Studien gezeigt haben. Meist gingen sie mit der keineswegs »kreativen Zerstörung« vor-kapitalistischer Sozialsysteme einher, oft waren sie mit Genoziden größten Ausmaßes verbunden. Der Flottenbau der Römer hat den Balkan verkarstet hinterlassen. Die Bewohner der Osterinseln haben nur die Natur ihrer eigenen Eilande so verwüstet, dass sie auch ihr eigenes Leben und Überleben zerstörten (viele andere Beispiele finden sich bei Diamond 2006). Seit der industriell-fossilen Revolution des späten 18. Jahrhunderts jedoch wird der gesamte Planet geplündert (Bardi 2013), werden planetarische Grenzen überschritten (Rockström u.a. 2009), Kipppunkte von Erdsystemen erreicht, an denen sie dialektisch in einen qualitativ anderen Zustand als zuvor umschlagen.

Allerdings hat die Expansion von kapitalistischer Warenproduktion und Warenaustausch auch ganz wesentlich dazu beigetragen, dass die Akkumulationsdynamik eine neue Entwicklungsrichtung nehmen konnte. Dies war der Fall bei der historisch neuartigen Nutzung des fossilen Brennstoffs Kohle, der die industrielle Revolution befeuerte. Denn der »energy return on energy invested« (ERoEI), also die »Energieernte«, fiel sehr viel höher bei der Steinkohle als bei der Holzkohle aus. Verursacht wurde der Wechsel zu den fossilen Energieträgern auch durch den Peak bei der Holzkohle, welcher den Rückgriff auf den seinerzeit »unkonventionellen Energieträger« Kohle eingeleitet hat. Dieser war eine Folge der großflächigen Entwaldung in ganz Europa, als die Industrialisierung immer mehr Holz verlangte, als Baustoff, für die ersten Maschinen und vor allem als Energieträger.

Die moderne Debatte über Kipppunkte und über den möglichen Kollaps von Ökosystemen verweist auf den Sinn und die Notwendigkeit, sich mit der Dialektik der Natur auseinanderzusetzen. Denn diese kann auch über den unbedachten Widerspruch aufklären, dass der Kollaps von Erdsystemen im Anthropozän bzw. Kapitalozän für möglich gehalten wird (da läuft ein wohlig-kalter Schauer über den Rücken), die Möglichkeit eines Kollapses des Gesellschaftssystems des Kapitalismus aber als überwundene Auffassung eines dogmatischen und unzeitgemäßen Marxismus gilt (da sträuben sich die Haare). »Subjektive« Beobachter der »objektiven« Prozesse sind nicht selbstverständlich in der Lage, in der zunehmenden »objektiven« Unordnung »subjektiv« noch eine Ordnung zu entdecken (Prigogine/Stengers 1986: 215ff.). Es wurde ja schon im fünften Kapitel (5.2) auf die Objektivität ebenso wie auf die Subjektivität von Raum und Zeit hingewiesen. Das ist nicht »Ideologie par excellence« (wie Swyngedouw unterstellt), sondern – wie Prigogine und Stengers schreiben – »Anzeichen für den Verfall der verfügbaren Informationen«, für »die Zunahme der Unwissenheit« (ebd.: 216) im irreversiblen Prozess der Transformationen von Natur und Gesellschaft.

Die Zunahme der Entropie hat also im Verlauf der Entwicklung des sozialökologischen Gesamtzusammenhangs die subjektive Begleiterscheinung zunehmender Unwissenheit, obwohl wir ständig Informationen akkumulieren. Auch objektive Grenzen der Natur können heute gar nicht mehr bestritten werden, weder von Naturwissenschaftlern, die »planetary boundaries« nüchtern protokollieren (z.B. Rockström u.a. 2009), um zu zeigen, dass die kapitalistisch gepowerte Gesellschaft der Menschen es geschafft hat, drei der neun wichtigsten planetarischen Grenzen zu reißen, noch von Philosophen, die wie der von Engels hoch geschätzte Immanuel Kant (Kant 1795/1984) die Begrenztheit der Kugelfläche des Planeten Erde als nicht hinterfragbaren Ausgangspunkt für die Erstellung des ethischen Regelsystems für ein friedliches Nebeneinander der Menschen auf begrenztem Raum mit begrenzten Ressourcen setzen und die Handlungsmaxime des kategorischen Imperativs ableiten: »Handle nur nach derjenigen Maxime, durch die du zugleich wollen kannst, dass sie ein allgemeines Gesetz werde.«

Liberale oder neoliberale Ökonomen wollen von natürlichen Schranken und von daraus hergeleiteten selbstbegrenzenden ethischen Prinzipien nichts wissen und kommentieren, dass der Kant'schen Maxime am besten gedient würde, wenn frei gebildete Marktpreise das Handeln der Individuen steuern.

Kritische Ökonomen allerdings würden kontern, dass viele Güter auf Erden »positionelle Güter« seien. Weil deren Angebot z.B. aus ökologischen Gründen nicht so ausgeweitet werden kann wie die Nachfrage steigt, versagt die Preisbildung auf dem Markt. Nicht mehr das Geld ist knapp im Verhältnis zu den Bedürfnissen, sodass wir mit der Knappheit unter «harter Budgetrestriktion« rational umzugehen verpflichtet sind, sondern die Güter sind »Mangelware« im Verhältnis zu der monetären Nachfrage. Also können nicht alle Bedürfnisse all jener, die über monetäre Kaufkraft verfügen, zu gleich bleibenden Preisen befriedigt werden. Die Verteilung positioneller Güter mithilfe des Marktmechanismus hat dann – wegen des abnehmenden Angebots – steigende Preise zur Folge oder sie muss anders, nämlich oligarchisch, so Roy Harrod (1958), erfolgen oder aber distributiv staatlich geplant – oder solidarisch in solidarischer Ökonomie organisiert werden.

Das wäre wenig problematisch, wenn nicht mit der ökonomischen Entwicklung der »Peak« der Extraktion immer näher
rückte und dann viele »freie« Güter (Rohstoffe ebenso wie Industrieprodukte und Dienstleistungen) in positionelle Güter verwandelt würden und dann der marktmäßige Allokations- und
Distributionsmechanismus unvermeidlich immer häufiger leer-
läuft. Wenn die Ozeane leergefischt werden, wird der Thunfisch
zur Mangelware und der Fang muss kontingentiert werden – mithilfe des Preises oder durch Zuteilung oder solidarisch. Wenn in
Zeiten des Massentourismus alle Welt über Venedigs Rialto-Brü-
cke schlendern will, muss die Nutzung reglementiert werden.
Wenn zu viele Menschen ein »Häuschen im Grünen« errichten,
gibt es irgendwann kein Grün mehr und wenn die Verteilung des
knappen Grün nicht durch den Marktmechanismus geschehen
kann, müssen andere »oligarchische« oder aber solidarische und
demokratische Verteilungsmodi gefunden werden. Auch in anderen Bereichen des gesellschaftlichen Lebens, etwa bei der Reduktion der CO_2-Emisionen stellt sich das Problem. Positionelle
Güter sind ein Indiz für die Konsequenzen der Begrenztheit der
Kugelfläche des Planeten und des Peaks sämtlicher Ressourcen
auf Erden. Auf Erden ist der Peak Everything (Heinberg 2007)
unabänderlich. Nur die Frage des Zeitpunkts, wann er zum ökonomischen Problem wird, kann strittig sein und die Frage, wie
eine solidarische Umgangsweise mit dem Peak, mit den positionellen Gütern politisch und sozial zu gestalten ist.

Im Kapitalismus, mehr noch als in den Waren produzierenden
Gesellschaften zuvor, herrscht mit dem Geld und dem Kapital
ein keine Grenzen respektierender Verwertungsimperativ, der
mit den Grenzen der Kugelfläche des Planeten (Kant) in Konflikt gerät, da ihm nur mittels der Transformation von Stoffen
und Energien, der Plünderung der Biosphäre und der Ausbeutung der menschlichen Arbeitskraft Folge geleistet werden kann.
Dieser Konflikt kennt nur zwei Lösungen. Denn jeder Prozess
der Stoff- und Energietransformation ist irreversibel und Irreversibilität ist eine andere Ausdrucksform für ansteigende Entropie. Doch das Kapital folgt einer anderen Logik als derjenigen
der historisch gerichteten Zeit. Seine Logik ist die der Reversi-

bilität und Zirkularität. Die investierten Mittel müssen zurück-
kommen, sich amortisieren und zwar auf sich erweiternder Stu-
fenleiter: mit Surplus.

Die soziale Logik von Reversibilität und Zirkularität ist nicht
kompatibel mit der natürlichen Logik der Irreversibilität und
Entropiesteigerung. Die kapitalistische Produktionsweise löst
sich also ihrer inhärenten Logik entsprechend aus den Naturbedingungen allen Lebens, weil es nicht möglich ist, die Naturbedingungen des Planeten Erde, die seit Anbeginn an existieren, an die Erfordernisse der erdgeschichtlich kurzen Periode
des Kapitalismus anzupassen. Die aus Natur und Gesellschaft
»entbettete« Ökonomie wird daher natur- und lebensfeindlich
(Polanyi 1978). »We enjoy our lives«, schreibt Nicholas Georgescu-Roegen (1971; 1986), indem wir die Erde plündern und
die Entropie des Gesamtsystems bis zu einem Maximum steigern. Marx war sich dieser doppelseitigen Tendenz sehr bewusst.
Auf der einen Seite haben wir die anthropozentrische Transformation von Stoffen und Energien der lebendigen und nicht lebendigen Natur in Dinge, die unsere individuellen und sozialen
Bedürfnisse befriedigen. Auf der anderen Seite haben wir die
bitteren Konsequenzen einer Verschlechterung der natürlichen
Umweltbedingungen in Rechnung zu stellen – eine Folge der Be-
dürfnisbefriedigung unter den historischen Bedingungen kapitalistischer Inwertsetzung.

Nun könnte eingewandt werden, dass dieser Widerspruch so
alt ist wie das Menschengeschlecht selbst. Das ist richtig, doch waren alle Produktionsweisen vor der kapitalistischen so ausgelegt,
dass sie die Energiezufuhr der Sonne nutzten, um die Entropiesteigerung der Stoff- und Energietransformation kompensieren
zu können. Energiezufuhr von außen ist geeignet, die Entropie
des Systems zu reduzieren. Doch seit der »prometheischen Revolution« des kapitalistischen Industriezeitalters ist die Produktionsweise weitestgehend abgekoppelt von der externen Energiezufuhr der Sonne. Sie nutzt die gespeicherte Energie des Systems
Erde, vor allem die fossilen Energieträger. Diese sind endlich und
gehen daher irgendwann zur Neige. Bis dahin erzeugt ihre Verbrennung jene Treibhausgase, die dazu beitragen, dass das System

Erde nach und nach aufgeheizt wird und die über viele Jahrtausende eingespielten Biorhythmen und Georhythmen durcheinander gebracht werden.

Die grenzenlose Verwertung erzwingt also die immer weitergehende, grenzenlose Plünderung des Planeten und eine Ausdehnung der Ausbeutung der Arbeitskraft bis zur »Weißblutung«, wie Rosa Luxemburg (1913) über die Ausplünderung der Fellachen Ägyptens schreibt, also die Missachtung der Grenzen der äußeren und inneren Natur des Menschen bis zu deren Kollaps, wie inzwischen viele Naturwissenschaftler und sozialwissenschaftlich ausgebildete Ökologen befürchten.

Doch anders als am »fin de siècle«, in den Jahrzehnten um die Wende vom 19. zum 20. Jahrhundert, kann sich kaum jemand den Zusammenbruch des kapitalistischen Systems vorstellen. Für die so genannten Theoretiker des Zusammenbruchs wie Henryk Grossmann (1967) oder Anton Pannekoek (1934) war die Naturgrenze nur bedeutsam, weil – wie Marx ausführte – die kapitalistische Produktionsweise an der Entwicklung der Produktivkräfte eine Schranke findet. In den Ausführungenn zum »tendenziellen Fall der Profitrate« im dritten Band des »Kapital« heißt es: »Die Ökonomen also, die wie Ricardo die kapitalistische Produktionsweise für die absolute halten, fühlen hier, daß diese Produktionsweise sich selbst eine Schranke schafft, und schieben daher diese Schranke nicht der Produktion zu, sondern der Natur (in der Lehre von der Rente). Das Wichtige aber in ihrem Horror vor der fallenden Profitrate ist das Gefühl, daß die kapitalistische Produktionsweise an der Entwicklung der Produktivkräfte eine Schranke findet, die nichts mit der Produktion des Reichtums als solcher zu tun hat; und diese eigentümliche Schranke bezeugt die Beschränktheit und den nur historischen, vorübergehenden Charakter der kapitalistischen Produktionsweise; bezeugt, daß sie keine für die Produktion des Reichtums absolute Produktionsweise ist, vielmehr mit seiner Fortentwicklung auf gewisser Stufe in Konflikt tritt.« (MEW 25: 252)

Innerökonomische Widersprüche blockieren die Akkumulation so, dass das Kapitalverhältnis zerbrechen kann. Naturkollaps oder ökonomischer Zusammenbruch – ist das die Alternative? Nein, sagen diejenigen, die die Natur für gestaltbar halten, darunter auch die Verfechter von de-growth, green growth, green capitalism. Wir lassen die Grenzen wachsen, um der Grenzenlosigkeit der Kapitalverwertung mehr Leine zu geben. Der Philosoph Peter Sloterdijk hält es für möglich, dass der Planet Erde kein Solitär ist, zumindest die Noosphäre des Wissens und die Technosphäre könnten den Verwertungsbedürfnissen des Kapitals neue Räume für kapitalistische Verwertungsprojekte öffnen (Sloterdijk 2011). Verfechter des Konzepts der gesellschaftlichen Naturverhältnisse meinen optimistisch, dass der Kapitalismus schon immer ein »Außen« durch Landnahme in den expandierenden Verwertungszusammenhang des Kapitals habe einbeziehen können und dass dies auch heute wieder mit entsprechender grüner Regulation möglich sei.

Schön wäre es ja, wenn es so wäre. Engels war in dieser Hinsicht sehr vorsichtig. Wir sollten uns, so schrieb er, »nicht zu sehr mit unsern menschlichen Siegen über die Natur … schmeicheln« (MEW 20: 453). Kapitalistische Gesellschaften können sich aus der Naturbedingtheit nicht vollends emanzipieren. Der Anstieg der Entropie könnte nur durch Energiezufuhr von außen, d.h. durch die Strahlung der Sonne, kompensiert werden. Eine andere äußere Energiequelle, die die Entropieproduktion der modernen Gesellschaften kompensieren und die biologische Evolution unterstützen könnte, steht den Menschen auf dem Planeten Erde nicht zur Verfügung. Diese wird freilich im modernen Kapitalismus nur in verschwindend geringem Umfang genutzt, weil für die Produktionsprozesse fast ausschließlich fossile Energien infrage kommen, aus Gründen, die schon mehrfach benannt worden sind. Sie haben den großen Vorteil, raum- und zeitungebunden zu sein. Sie lassen sich konzentrieren und sind flexibel einsetzbar und zur Beschleunigung aller Produktions-, Transport- und Kommunikationsprozesse bestens geeignet. Diesen Vorzug für kapitalistische Verhältnisse hat die Sonnenenergie nicht. Dies ist der Hauptgrund, warum es so schwierig ist, den Verbrauch der fossilen Energieträger in modernen kapitalistischen Gesellschaften zu reduzieren und warum ein »green capitalism« ein Phantom bleiben wird, so lange nicht für eine andere, nachhaltige, demokratische Gesellschaft, für eine andere Gesellschaft als die, die wir kennen, gekämpft wird. Diese andere Gesellschaft muss solar und solidarisch sein, also im Prinzip auf der Nutzung erneuerbarer, solarer Energie beruhen und jenseits des »Peak Everything« die positionellen Güter auf solidarische Weise organisieren, durch demokratische Umwandlung des politischen Systems und solidarisch-demokratische Regulation von Wirtschaft und Gesellschaft.

10. Dialektik der Natur – open end

Es wäre leichter, 90 Jahre nach der ersten Publikation der »Dialektik der Natur« ein Resumée zu ziehen, wenn die Kritiken an Engels' Werk zutreffen würden, wenn er tatsächlich die Dialektik wie eine Schablone über die Geschichte gelegt oder allen Akteuren auf der Bühne der modernen Gesellschaften den gleichen Hut aufgesetzt und immerzu die gleiche Musik gedudelt oder den gleichen theoretischen Sermon verbreitet hätte. Doch dem war nicht so. Engels war kein kontemplativer, sondern dialektischer Materialist, dem Marx' programmatische 11. These über Feuerbach bewusst war: »Die Philosophen haben die Welt nur verschieden interpretiert: es kömmt darauf an, sie zu verändern.« (MEW 3: 7) Wie die Veränderung erfolgt, muss in wissenschaftlicher Analyse sowohl empirisch als auch theoretisch, in der historischen Rückschau und mit Blick in die Zukunft herausgefunden werden. Dann kann darauf bauend nach den Zielvorstellungen der verändernden Praxis gefragt werden, nach den unterschiedlichen, vielleicht widersprüchlichen und gegensätzlichen Interessen, den Wirkungen in einem nicht eindeutig zu vermessenden, mehrdimensionalen Raum, in der kurzen, mittleren und langen Dauer.

Eine, wie in der 11. These gefordert, weltverändernde Praxis braucht eine offene theoretische Grundlegung, offen gegenüber allen Herausforderungen durch soziale Bewegungen, ökonomische Mächte, politische Kräfte in der Gesellschaft, offen gegenüber wissenschaftlichen Ansätzen, die das theoretische Feld der vergangenen Analysen verlassen und neue beackern. Auch die sich stets ändernden Zustände der Natur müssen theoretisch und praktisch aufgegriffen werden, und dies unter Berücksichtigung des Fortschritts der Wissenschaften. Dieser vollzieht sich keineswegs gleichmäßig in immer demselben Tempo. Es gibt Phasen der Beschleunigung von Erkenntnissen und ihrer Realisierung und andere Phasen, die alles verlangsamen. Auch die Kompatibilität von wissenschaftlicher Erkenntnis, ihrer Verbreitung, Ausstrahlung in andere Bereiche der Gesellschaft und Umsetzung in technische und ökonomische Anwendungen, die die Produktivität der Arbeit in der Gesellschaft heben, ist nicht immer gegeben.

Besonders wichtig aber sind zwei Eigenschaften, denen die gesellschaftsverändernde Praxis genügen muss: Sie muss die Emanzipation der Menschen aus selbst verschuldeten und daher selbst zu ändernden Zwängen voranbringen und dabei den Naturbedingungen der Entropieproduktion einerseits und den bioevolutionären Gesetzen andererseits Rechnung tragen. Sie muss also aufklärerisch und emanzipatorisch sein. Aus Naturgesetzen kann man sich nicht befreien, aber man kann lernen, sie zusammen mit Sozial- und Geisteswissenschaften so anzuwenden, dass sie zu emanzipatorischer Praxis beitragen und den »vier Kränkungen« der Menschheit, von denen der Wissenschaftsautor Reiner Klingholz (2014: 108) gesprochen hat, keine weitere hinzufügen: Die erste Kränkung hat Nikolaus Kopernikus zu verantworten, als er im 16. Jahrhundert bewies, dass, anders als bis dahin geglaubt, die Erde nicht der Mittelpunkt des Sonnensystems sei. Die Menschheit wurde sozusagen aus dem paradiesischen Zentrum an den irdischen Rand befördert. Die zweite Kränkung verursachte Charles Darwin im 19. Jahrhundert mit seiner Lehre, dass die Krönung der Schöpfung auch nur eines der vielen Ergebnisse der Evolution aller Arten sei. Dann setzte im 20. Jahrhundert Sigmund Freud mit seiner Entdeckung noch eins drauf, dass wir nicht nur bewusst, sondern auch unbewusst, also als komplizierte, sinnliche und bedürftige Menschen und nicht europäisch-rational wie z.B. der homo oeconomicus oder wie der Goethe'sche Homunkulus handeln. Schließlich haben wir im 21. Jahrhundert die Lehre zu beherzigen, dass wir die Natur nicht in einem uns gewogenen Zustand nachhaltig bewahren, sondern auf eine »failed growth economy« zusteuern, in der der Natur irreparabler Schaden zugefügt wird. Es spricht also einiges für die bereits erwähnte epistemologische Historie, für die Interpretation der Geschichte als eine Aufeinanderfolge von Krisen, Brüchen (Schmieder 2008) und von Kränkungen, wie hinzugefügt werden kann.

Engels hat sich in der »Dialektik der Natur« weniger mit der Natur und ihrer Geschichte als mit der wissenschaftlichen Sichtweise auf die Natur auseinandergesetzt, so wie sich die Natur und ihre Geschichte in den Naturwissenschaften und deren Entwicklung »widerspiegeln«. Ist Engels also wie Lenin einer »Widerspiegelungstheorie« gefolgt? Einige Passagen in den »Materialien zum ›Anti-Dühring‹« (MEW 20, insbesondere 573-589) lassen sich so deuten. Dort heißt es gleich zu Beginn: »Die Ideen alle der Erfahrung entlehnt, Spielbilder – richtig oder verzerrt – der Wirklichkeit.« (Ebd.: 573) Doch wenn die Wirklichkeit genau unter die Lupe genommen wird, bemerkt man und sieht mit scharfem Auge auch Engels die Widersprüche, die interessegeleiteten Akteure, die sich bekämpfen, die Krisenprozesse, den Konkurrenzkampf zwischen Kapitalfraktionen, die Inkongruenz von Ökonomie und Politik, die Permanenz des Klassenkonflikts in der kapitalistischen Wirklichkeit und die Interpretationen, Denkformen, die damit verbunden sind. Und diese sind verschieden, wenn nicht gegensätzlich. Aus einer gesellschaftlichen oder natürlichen Wirklichkeit entspringen also nicht bestimmte Denkformen, sondern viele in großer Vielfalt. Konflikte, Kampf um die Köpfe, Auseinandersetzungen um die Hegemonie, um die »Lufthoheit über den Stammtischen« sind die Folge. Die Spiegel, die die Widerspiegelung ermöglichen, zerbrechen im wissenschaftlichen Streit.

Diese Unschärfe hat mit den »Sendern«, den politischen und wissenschaftlichen Interpreten ebenso zu tun wie mit den »Empfängern«, den gesellschaftlichen Akteuren, die das Wissen um die Gesellschaft (und um die Natur) für ihr Handeln brauchen. Sofern Sender und Empfänger aus dem gleichen politischen Milieu stammen oder in der Arbeiterklasse verankert sind, gibt es wenige Probleme. Doch in den volatilen nach-industriellen Gesellschaften des modernen Kapitalismus sehr wohl. Es gibt dann keine gemeinsame Wellenlänge, die muss erst gefunden werden. Dann aber kann das von Robert King Merton so genannte Serendipity-Problem entstehen (diesen Begriff hatte erstmals Horace Walpole verwendet – in Anlehnung an ein persisches Märchen mit dem englischen Titel »The Three Princes of Serendip«, in dem diese viele unerwartete Entdeckungen machen; Serendip ist eine alte Bezeichnung für Ceylon, das heutige Sri Lanka; Merton hat den Begriff weltweit bekannt gemacht). Sender und Empfänger suchen sich, können sich aber nicht finden. Doch sie finden dann etwas, was sie gar nicht gesucht haben. Columbus suchte den Seeweg nach Indien und fand Amerika, das er gar nicht gesucht hatte. Das ist in Zeiten von Internet-Suchmaschinen und Wikipedia eine Alltagserfahrung jeder Internet-Nutzerin. Man sucht etwas und findet etwas ganz anderes.

Die Konsequenzen für Naturentwicklung und Naturerkenntnis und deren Verhältnis sind gravierend. Denn nun kann es kein einfaches Entsprechungsverhältnis zwischen Gesellschaft, Natur und Individuum, zwischen Realsubstrat der Denkformen und diesen selbst geben. Es ist aber auch wohl unmöglich, einen Algorithmus zu finden, der die verschlungenen Pfade von der Entwicklung des gesellschaftlichen Naturverhältnisses mit seinen Brüchen, Krisen, Kränkungen zum Begreifen und daher zu Begriffen; und von den theoretischen Begriffen zur verändernden Praxis in einer Art road-map festhalten könnte.

Diese aber brauchen wir für unsere Theorie ebenso wie für die politische Praxis. Denn Theoriearbeit und politische Praxis finden zu Beginn des 21. Jahrhunderts in einem Gesamtzusammenhang statt, der sich von dem zu Marx' und Engels' Zeiten beträchtlich unterscheidet. Der »dialektische Umschlag« von Quantität in Qualität kann nämlich heute die Gestalt des Umkippens von globalen Ökosystemen annehmen. Der Klimakollaps ist nicht auszuschließen. Dann stellt sich die menschheitliche Überlebensfrage, wie dieser zu verhindern ist. Wir wissen es, und in dieser kleinen Schrift sind die wichtigsten Argumente wiederholt worden. Im Verlauf des kapitalistischen Akkumulationsprozesses ist nicht nur die Gesellschaftsformation verändert worden. Auch die Erdsysteme, die sich in der bisherigen Geschichte jenseits der Reichweite menschlicher Gesellschaften befanden, sind inzwischen nicht nur verändert, sondern geschädigt oder gar zerstört. Die Auswirkungen des Klimawandels sind katastrophal, wie wir wissen. Der fossil-industrielle Kapitalismus, der Kapitalismus, so wie wir ihn kennen, muss geändert werden.

An dieser Stelle kann Friedrich Engels mit dem letzten Klammersatz in der »Dialektik der Natur« Hoffnung machen. Das Werk ist unvollendet, ein Torso. Alles kann nochmals überdacht werden, und: »(Alles dies stark zu revidieren.)« (MEW 20: 568)

Friedrich Engels
Die Naturforschung in der Geisterwelt

|337|[*] Es ist ein alter Satz der in das Volksbewußtsein übergegangenen Dialektik, daß die Extreme sich berühren. Wir werden uns demnach schwerlich irren, wenn wir die äußersten Grade von Phantasterei, Leichtgläubigkeit und Aberglauben suchen nicht etwa bei derjenigen naturwissenschaftlichen Richtung, die, wie die deutsche Naturphilosophie, die objektive Welt in den Rahmen ihres subjektiven Denkens einzuzwängen suchte, sondern vielmehr bei der entgegengesetzten Richtung, die, auf die bloße Erfahrung pochend, das Denken mit souveräner Verachtung behandelt und es wirklich in der Gedankenlosigkeit auch am weitesten gebracht hat. Diese Schule herrscht in England. Bereits ihr Vater, der vielgepriesene Franz Bacon, verlangt, daß seine neue empirische, induktive Methode betrieben werde, um vor allem dadurch zu erreichen: Verlängerung des Lebens, Verjüngung in einem gewissen Grade, Veränderung der Statur und der Züge, Verwandlung der Körper in andre, Erzeugung neuer Arten, Gewalt über die Luft und Erregung von Ungewittern; er beschwert sich, daß solche Untersuchungen verlassen worden seien, und gibt in seiner Naturhistorie förmliche Rezepte, Gold zu machen und mancherlei Wunder zu verrichten. Ebenso beschäftigte sich Isaak Newton auf seine alten Tage viel mit der Auslegung der Offenbarung Johannis. Was Wunder also, wenn in den letzten Jahren der englische Empirismus in einigen seiner Vertreter – und es sind nicht die schlechtesten – der von Amerika importierten Geisterklopferei und Geisterseherei anscheinend rettungslos verfallen ist.

Der erste hierher gehörige Naturforscher ist der hochverdiente Zoologe und Botaniker Alfred Russel Wallace, derselbe, der gleichzeitig mit Darwin die Theorie von der Artveränderung durch natürliche Zuchtwahl aufstellte. In seinem Schriftchen »On

---

[*] Die Zahlenangaben in senkrechten Strichen entsprechen den Seitenangaben in Band 20 der Marx-Engels-Werke.

Miracles and modern Spiritualism«, London, Burns, 1875, erzählt er, daß seine ersten Erfahrungen in diesem |338| Zweig der Naturkunde von 1844 datieren, wo er den Vorlesungen des Herrn Spencer Hall über Mesmerismus beiwohnte, und infolgedessen an seinen Schülern ähnliche Experimente machte.

»Ich war aufs äußerste von dem Gegenstand interessiert und verfolgte ihn mit Leidenschaft« (ardour) [p. 119].

Er erzeugte nicht nur den magnetischen Schlaf nebst den Erscheinungen der Gliederstarre und lokalen Empfindungslosigkeit, sondern er bestätigte auch die Richtigkeit der Gallschen Schädelkarte, indem auf Berührung je eines beliebigen Gallschen Organs die betreffende Tätigkeit beim magnetisierten Patienten erregt und durch lebhafte Gesten vorschriftsmäßig betätigt wurde. Er stellte ferner fest, daß sein Patient, wenn er ihn nur dabei berührte, an allen Sinnesempfindungen des Operators teilnahm; er machte ihn betrunken mit einem Glase Wasser, sobald er ihm nur sagte, es sei Kognak. Einen der Jungen konnte er selbst im wachenden Zustand so dumm machen, daß er seinen eignen Namen nicht mehr wußte, was andre Schulmeister indes auch ohne Mesmerismus fertigbringen. Und so weiter.

Nun trifft es sich, daß ich diesen Herrn Spencer Hall ebenfalls im Winter 1843/44 in Manchester sah. Er war ein ganz ordinärer Scharlatan, der unter der Protektion einiger Pfaffen im Lande herumzog und an einem jungen Mädchen magnetisch-phrenologische Schaustellungen vornahm, um dadurch die Existenz Gottes, die Unsterblichkeit der Seele und die Nichtigkeit des damals von den Owenisten in allen großen Städten gepredigten Materialismus zu beweisen. Die Dame wurde in magnetischen Schlaf versetzt und gab, sobald der Operator ein beliebiges Gallsches Organ ihres Schädels berührte, theatralisch-demonstrative Gesten und Posen zum besten, die die Betätigung des betreffenden Organs darstellten; beim Organ der Kinderliebe (philoprogenitiveness) z.B. hätschelte und küßte sie ein Phantasiebaby usw. Der brave Hall hatte dabei die Gallsche Schädelgeographie um eine neue Insel Baratatia bereichert: Ganz zuoberst auf dem Scheitel hatte er nämlich ein Organ der Anbetung entdeckt, bei dessen Berührung sein hypnotisches Fräulein in die Knie sank,

die Hände faltete und dem erstaunten versammelten Philiste-
rium den in Anbetung verzückten Engel vorführte. Das war der
Schluß und Glanzpunkt der Vorstellung. Die Existenz Gottes
war bewiesen.

Es ging mir und einem Bekannten ähnlich wie Herrn Wallace.
Die Phänomene interessierten uns, und wir versuchten, wieweit
wir sie reproduzieren konnten. Ein aufgewecktet junge von zwölf
Jahren bot sich als Sub-|339| jekt. Gelindes Anstieren oder Be-
streichen versetzte ihn ohne Schwierigkeit in den hypnotischen
Zustand. Da wir aber etwas weniger gläubig und etwas weniger
hitzig zu Werk gingen als Herr Wallace, so kamen wir auch zu
ganz andern Resultaten. Abgesehn von der leicht zu erzeugenden
Muskelstarre und Empfindungslosigkeit, fanden wir einen Zustand vollständiger Passivität des Willens, verbunden mit eigentümlich überspannter Erregbarkeit der Empfindung. Der Patient,
durch irgendeine Anregung von außen aus seiner Lethargie ge-
rissen, bezeugte noch weit mehr Lebhaftigkeit als in wachendem
Zustande. Von geheimnisvollem Rapport zum Operator keine
Spur; jeder andre konnte den Schlummernden ebenso leicht in
Tätigkeit versetzen. Die Gallschen Schädelorgane wirken zu lassen, war für uns das wenigste; wir gingen noch viel weiter: Wir
konnten sie nicht nur vertauschen und über den ganzen Körper
verlegen, sondern wir fabrizierten noch eine beliebige Menge
andrer Organe, des Singens, Pfeifens, Tutens, Tanzens, Boxens,
Nähens, Schusterns, Tabakrauchens usw., und verlegten sie, wo-
hin wir wollten. Wenn Wallace seinen Patienten mit Wasser betrunken machte, so entdeckten wir in der großen Zehe ein Organ
der Betrunkenheit, das wir nur zu berühren brauchten, um die
schönste betrunkene Komödie in Gang zu bringen. Aber wohl-
verstanden: Kein Organ zeigte einen Schatten von Wirkung, bis
dem Patienten zu verstehn gegeben, was von ihm erwartet wurde;
der Junge vervollkommnete sich bald durch die Praxis so, daß
die geringste Andeutung hinreichte. Diese so erzeugten Organe
blieben dann auch für spätere Einschläferungen ein für allemal in
Geltung, solange sie nicht auf demselben Wege abgeändert wurden. Der Patient hatte eben ein doppeltes Gedächtnis, eins für
den wachenden, ein zweites, ganz gesondertes, für den hypno-

tischen Zustand. Was die Passivität des Willens, seine absolute Unterwerfung unter den Willen eines Dritten angeht, so verliert sie allen Wunderschein, sobald wir nicht vergessen, daß der ganze Zustand mit der Unterwerfung des Willens des Patienten unter den des Operators begann, und ohne sie nicht hergestellt werden kann. Der zaubermächtigste Magnetiseur der Erde ist mit seinem Latein zu Ende, sobald sein Patient ihm ins Gesicht lacht.

Während wir so, mit unsrer frivolen Skepsis, als Grundlage der magnetisch-phrenologischen Scharlatanerie eine Reihe von Erscheinungen fanden, die von denen des wachenden Zustandes meist nur dem Grade nach verschieden sind und keiner mystischen Interpretation bedürfen, führte die Leidenschaft (ardour) des Herrn Wallace ihn zu einer Reihe von Selbsttäuschungen, kraft deren er die Gallsche Schädelkarte in allen ihren Details bestätigte und einen geheimnisvollen Rapport zwischen Operator und |340| Patienten feststellte.[*] Überall in der bis zur Naivität aufrichtigen Erzählung des Herrn Wallace blickt durch, daß es ihm viel weniger darum zu tun war, den tatsächlichen Hintergrund der Scharlatanerie zu untersuchen, als die sämtlichen Erscheinungen um jeden Preis wieder hervorzubringen. Es braucht nur diese Gemütsstimmung, um in kurzer Frist den anfänglichen Forscher, vermittelst einfacher und leichter Selbsttäuschung, in den Adepten zu verwandeln. Herr Wallace endigte mit dem Glauben an die magnetisch-phrenologischen Wunder und stand nun schon mit einem Fuß in der Geisterwelt.

Den andern Fuß zog er nach im Jahr 1865. Zurückgekehrt von seinen zwölfjährigen Reisen in der heißen Zone, führten ihn Tischrückexperimente in die Gesellschaft verschiedner »Medien«. Wie rasch seine Fortschritte waren, wie vollständig seine Beherrschung des Gegenstands ist, davon legt das obige Schriftchen Zeugnis ab. Er mutet uns nicht nur zu, alle angeblichen Wunder

---

[*] Wie schon gesagt, die Patienten vervollkommnen sich durch die Übung. Es ist also wohl möglich, daß, wenn die Willensunterwerfung erst gewohnheitsmäßig geworden, das Verhältnis der Beteiligten intimer wird, einzelne Erscheinungen sich steigern und selbst im wachenden Zustande schwach reflektiert werden [Anm. von Engels].

der Home, Gebrüder Davenport und andrer sich mehr oder weniger für Geld sehen lassenden und großenteils des öfteren als Betrüger entlarvten »Medien« für bare Münze zu nehmen, sondern auch eine ganze Reihe angeblich beglaubigter Geistergeschichten aus früherer Zeit. Die Pythonissen des griechischen Orakels, die Hexen des Mittelalters waren »Medien«, und Jamblichos »De divinatione« beschreibt schon ganz genau

»die erstaunlichsten Erscheinungen des modernen Spiritualismus«. Wie leicht Herr Wallace es mit der wissenschaftlichen Feststellung und Beglaubigung dieser Wunder nimmt, davon nur ein Beispiel. Es ist gewiß eine starke Zumutung, daß wir glauben sollen, die p.p. Geister ließen sich photographieren, und wir haben doch sicher das Recht, zu verlangen, daß solche Geisterphotographien, ehe wir sie für echt annehmen, auf die unzweifelhafteste Weise beglaubigt seien. Nun erzählt Herr Wallace S. 187, daß im März 1872 Frau Guppy, geborene Nichol, ein Hauptmedium, mit ihrem Mann und ihrem kleinen Jungen sich bei Herrn Hudson in Notting Hill photographieren ließ, und bei zwei verschiedenen Aufnahmen eine hohe weibliche Gestalt, in weißer Gaze künstlerisch (finely) drapiert, mit etwas orientalischen Zügen, in segnender Stellung hinter ihr erschien.

|341| »Hier nun von zwei Dingen *sind* eins absolut gewiß.* Entweder war ein lebendes, intelligentes, aber unsichtbares Wesen gegenwärtig, oder Herr und Frau Guppy, der Photograph und irgendeine vierte Person haben einen schändlichen« (wicked) »Betrug geplant und ihn stets seitdem aufrechterhalten. Ich kenne aber Herrn und Frau Guppy sehr gut und habe die *absolute Überzeugung*, daß sie eines Betrugs dieser Art ebenso unfähig sind wie irgendein ernster Wahrheitsforscher auf dem Gebiet der Naturwissenschaft.« |Alle Hervorhebungen von Engels| [S. 188]

---

* Here, then, one of two things *are* absolutely certain. Die Geisterwelt steht über der Grammatik. Ein Spaßvogel ließ einst den Geist des Grammatikers Lindley Murray zitieren. Auf die Frage, ob er da sei, antwortete er: I are (amerikanisch statt I am). Das Medium war aus Amerika. [Anm. v. Engels]

Also entweder Betrug oder Geisterphotographie. Einverstanden. Und bei dem Betrug war entweder der Geist schon vorher auf den Platten, oder es müssen vier Personen beteiligt gewesen sein, respektive drei, wenn wir den alten Herrn Guppy, der im Januar 1875 im Alter von 84 Jahren starb, als unzurechnungsfähig oder düpiert beiseite lassen (er brauchte nur hinter die spanische Wand des Hintergrunds geschickt zu werden). Daß ein Photograph sich ohne Schwierigkeit ein »Modell« für den Geist verschaffen konnte, darüber brauchen wir kein Wort zu verlieren. Der Photograph Hudson aber ist bald darauf der gewohnheitsmäßigen Fälschung von Geisterphotographien öffentlich bezüchtigt worden, so zwar, daß Herr Wallace begütigend sagt:

»Eins ist klar, daß, falls Betrug stattgefunden hat, er sofort von Spiritualisten selbst entdeckt wurde.« [p. 189.]

Auf den Photographen ist also auch nicht viel Verlaß. Bleibt Frau Guppy, und für sie spricht »die absolute Überzeugung« von Freund Wallace und sonst weiter nichts. – Weiter nichts? Keineswegs. Für die absolute Zuverlässigkeit der Frau Guppy spricht ihre Behauptung, eines Abends, gegen Anfang Juni 1871, aus ihrem Hause in Highbury Hill Park nach 69, Lambs Conduit Street – drei englische Meilen in grader Linie – bewußtlosen Zustandes durch die Luft getragen und in besagtem Hause Nr. 69 inmitten einer Geistersehersitzung auf dem Tisch deponiert worden zu sein. Die Türen des Zimmers waren verschlossen und obwohl Frau Guppy eine der beleibtesten Damen von London war, was gewiß etwas sagen will, so hat ihr plötzlicher Einbruch doch weder in den Türen, noch in der Decke das geringste Loch hinterlassen (erzählt im Londoner »Echo«, 8. Juni |342| 1871). Und wer jetzt nicht an die Echtheit der Geisterphotographie glaubt, dem ist nicht zu helfen.

Der zweite namhafte Adept unter den englischen Naturforschern ist Herr William Crookes, der Entdecker des chemischen Elements Thallium und des Radiometers (in Deutschland auch Lichtmühle genannt). Herr Crookes fing gegen 1871 an, die spiritistischen Manifestationen zu untersuchen, und wandte dabei eine ganze Reihe physikalischer und mechanischer Apparate an, Federwagen, elektrische Batterien usw. Ob er den Hauptappa-

162

rat, einen skeptisch-kritischen Kopf, mitbrachte oder bis zum Ende in arbeitsfähigem Zustande erhielt, werden wir sehn. Jedenfalls war Herr Crookes in nicht gar langer Zeit ebenso vollständig eingefangen wie Herr Wallace.

»Seit einigen Jahren«, erzählt dieser, »hat eine junge Dame, Fräulein Florence Cook, bemerkenswerte Mediumeigenschaft gezeigt; und in der letzten Zeit erreichte diese ihren Höhepunkt in der Produktion einer vollständigen weiblichen Gestalt, die geisterhaften Ursprungs zu sein behauptet und die barfuß und in weißer fließender Gewandung erschien, während das Medium, in dunkler Kleidung, gebunden und in tiefem Schlaf in einem verhängten Raume« (cabinet) »oder Nebenzimmer lag.« [p. 181.]

Dieser Geist, der sich den Namen Katey beilegte und der Fräulein Cook merkwürdig ähnlich sah, wurde eines Abends plötzlich von Herrn Volckman – dem jetzigen Gemahl der Frau Guppy – um die Taille gefaßt und festgehalten, um zu sehn, ob er nicht eben Fräulein Cook in andrer Ausgabe sei. Der Geist bewährte sich als ein durchaus handfestes Frauenzimmer, wehrte sich herzhaft, die Zuschauer mischten sich ein, das Gas wurde abgedreht, und als nach einigem Hin- und Herkämpfen die Ruhe wieder hergestellt und das Zimmer erleuchtet, war der Geist verschwunden, und Fräulein Cook lag gebunden und bewußtlos in ihrer Ecke. Herr Volckman soll aber bis heute behaupten, er habe Fräulein Cook gefaßt und niemand anderes. Um dies wissenschaftlich festzustellen, führte ein berühmter Elektriker, Herr Varley, bei einem neuen Versuch den Strom einer Batterie so durch das Medium, Frl. Cook, daß diese den Geist nicht hätte vorstellen können, ohne den Strom zu unterbrechen. Dennoch erschien der Geist. Es war also in der Tat ein von dem Frl. Cook verschiedenes Wesen. Dies ferner zu konstatieren, war die Aufgabe des Herrn Crookes. Sein erster Schritt war, sich das **Vertrauen** der geisterhaften Dame zu erwerben.

Dies Vertrauen – so sagt er selbst im »Spiritualist«, 5. Juni 1874 – »wuchs allmählich so, daß sie sich weigerte, eine Sitzung zu geben, es sei denn, daß *ich die Arrangements leitete*. Sie sagte, sie wünschte *mich* stets in ihrer Nähe und in der Nähe des Kabinetts; ich fand, daß - nachdem dies Vertrauen hergestellt und sie sicher war, daß ich |343| *kein ihr gemachtes Versprechen brechen* würde - die Erscheinungen bedeutend an

Stärke zunahmen, und Beweismittel freiwillig gestattet wurden, die auf anderm Wege unerreichbar gewesen wären. *Sie konsultierte mich* häufig in bezug auf bei den Sitzungen anwesende Personen und über die ihnen anzuweisenden Plätze, denn sie war neuerdings sehr ängstlich« (nervous) »geworden infolge gewisser übelberatener Andeutungen, man solle neben andern, mehr wissenschaftlichen Untersuchungsmethoden doch auch die *Gewalt* anwenden.« |Alle Hervorhebungen von Engels|

Das Geisterfräulein belohnte dies ebenso liebenswürdige wie wissenschaftliche Vertrauen in vollstem Maß. Sie erschien – was uns jetzt nicht mehr wundern kann – sogar im Hause des Herrn Crookes, spielte mit seinen Kindern und erzählte ihnen »Anekdoten aus ihren Abenteuern in Indien«, gab Herrn Crookes auch »einige der bittern Erfahrungen ihres vergangnen Lebens« zum besten, ließ sich von ihm in den Arm nehmen, damit er sich von ihrer handfesten Materialität überzeuge, ließ ihn die Zahl ihrer Pulsschläge und Atemzüge in der Minute feststellen und ließ sich zuletzt auch neben Herrn Crookes photographieren.

»Diese Gestalt«, sagt Herr Wallace, »nachdem man sie gesehen, betastet, photographiert und sich mit ihr unterhalten hatte, *verschwand absolut* aus einem kleinen Zimmer, aus dem kein andrer Ausgang war als durch ein anstoßendes, mit Zuschauern gefülltes Zimmer« [p. 183] – was keine so große Kunst ist, vorausgesetzt, die Zuschauer waren höflich genug, dem Herrn Crookes, in dessen Hause dies geschah, nicht weniger Vertrauen zu beweisen, als dieser dem Geist bewies.

Leider sind diese »vollständig beglaubigten Erscheinungen« selbst für Spiritualisten nicht ohne weiteres glaublich. Wir sahen oben, wie der sehr spiritualistische Herr Volckman sich einen sehr materiellen Zugriff gestattete. Und nun hat ein Geistlicher und Komiteemitglied der »Britischen National-Assoziation der Spiritualisten« ebenfalls einer Sitzung des Fräulein Cook beigewohnt und ohne Schwierigkeit festgestellt, daß das Zimmer, durch dessen Tür der Geist kam und verschwand, durch eine *zweite Tür* mit der Außenwelt kommunizierte. Das Benehmen des ebenfalls gegenwärtigen Herrn Crookes gab »meinem Glauben, daß etwas an diesen Manifestationen sein könne, den schließlichen Todesstoß« (»Mystic London«, by the Rev. C. Maurice Davies,

London, Tinsley Brothers). Und zum Überfluß kam es in Amerika an den Tag, wie man »Kateys« »materialisiert«. Ein Ehepaar Holmes gab in Philadelphia Vorstellungen, bei denen ebenfalls |344| eine »Katey« erschien, und von den Gläubigen reichlich beschenkt wurde. Ein Skeptiker jedoch ruhte nicht, bis er besagter Katey, die übrigens schon einmal wegen Mangel [an] Zahlung Strike gemacht hatte, auf die Spur kam: Er entdeckte sie in einem boarding house (Privathotel) als eine junge Dame von unbestrittenem Fleisch und Bein und im Besitz aller der dem Geist gemachten Geschenke.

Indes auch der Kontinent sollte seine wissenschaftlichen Geisterseher erleben. Eine Petersburger wissenschaftliche Körperschaft – ich weiß nicht genau, ob die Universität oder gar die Akademie – delegierte die Herrin Staatsrat Aksakow und den Chemiker Butlerow, die spiritistischen Phänomene zu ergründen, wobei indes nicht viel herausgekommen zu sein scheint. Dagegen – wenn anders den lauten Verkündigungen der Spiritisten zu trauen ist – hat jetzt auch Deutschland seinen Mann gestellt in der Person des Herrn Professor Zöllner in Leipzig.

Bekanntlich hat Herr Zöllner seit Jahren stark in der »vierten Dimension« des Raumes gearbeitet und entdeckt, daß viele Dinge, die in einem Raum von drei Dimensionen unmöglich sind, sich in einem Raum von vier Dimensionen ganz von selbst verstehn. So kann man in diesem letzteren Raum eine geschlossene Metallkugel umkehren wie einen Handschuh, ohne ein Loch darin zu machen, desgleichen einen Knoten schlingen in einen beiderseits endlosen oder an beiden Enden befestigten Faden, auch zwei getrennte geschlossene Ringe ineinander verschlingen, ohne einen von ihnen zu öffnen, und was dergleichen Kunststücke mehr sind. Nach neueren triumphierenden Berichten aus der Geisterwelt hätte sich nun Herr Professor Zöllner an ein oder mehrere Medien gewandt, um mit ihrer Hülfe über die Lokalität der vierten Dimension das Nähere festzustellen. Der Erfolg sei überraschend gewesen. Die Stuhllehne, auf die er den Arm gestützt, während die Hand den Tisch nie verließ, sei nach der Sitzung mit dem Arm verschlungen gewesen, ein an beiden Enden auf den Tisch angesiegelter Faden habe vier Knoten bekommen usw. Kurz, alle

Wunder der vierten Dimension seien von den Geistern spielend geleistet worden. Wohlgemerkt: relata refero [Ich erzähle das Erzählte, d.h. ich kann nicht für die Richtigkeit der Mitteilung bürgen], ich stehe nicht ein für die Richtigkeit der Geisterbulletins, und sollten sie Unrichtiges enthalten, so dürfte Herr Zöllner mir Dank wissen, daß ich ihm Gelegenheit gebe, sie zu berichtigen. Sollten sie aber die Erfahrungen des Herrn Zöllner unverfälscht wiedergeben, so bezeichnen sie offenbar eine neue Ära in der Geisterwissenschaft wie in der Mathematik. |345| Die Geister beweisen das Dasein der vierten Dimension, wie die vierte Dimension einsteht für das Dasein der Geister. Und wenn das einmal feststeht, so eröffnet sich der Wissenschaft ein ganz neues, unermeßliches Feld. Alle bisherige Mathematik und Naturwissenschaft wird nur eine Vorschule für die Mathematik der vierten und noch höheren Dimensionen und für die Mechanik, Physik, Chemie und Physiologie der sich in diesen höheren Dimensionen aufhaltenden Geister. Hat doch Herr Crookes wissenschaftlich festgestellt, wieviel Gewichtsverlust Tische und andre Möbel bei ihrem Übergang – wir dürfen jetzt wohl sagen – in die vierte Dimension erleiden, und erklärt Herr Wallace es für ausgemacht, daß dort das Feuer den menschlichen Körper nicht verletzt. Und nun gar die Physiologie dieser Geisterkörper! Sie atmen, sie haben einen Puls, also Lungen, Herz und Zirkulationsapparat, und sind demzufolge auch in betreff der übrigen Leibesorgane sicher mindestens ebenso vortrefflich beschlagen wie unsereins. Denn zum Atmen gehören Kohlenwasserstoffe, die in der Lunge verbrannt werden, und diese können nur von außen zugeführt werden: also Magen, Darm und Zubehör – und haben wir erst soviel konstatiert, so folgt das übrige ohne Schwierigkeit. Die Existenz solcher Organe aber schließt die Möglichkeit ihrer Erkrankung ein, und somit kann es Herrn Virchow noch passieren, daß er eine Zellularpathologe der Geisterwelt verfassen muß. Und da die meisten dieser Geister wunderschöne junge Damen sind, die sich durch nichts, aber auch gar nichts von irdischen Frauenzimmern unterscheiden als durch ihre überirdische Schönheit, wie könnte es da lange dauern, bis sie einmal ankommen »bei Männern, welche Liebe fühlen«; und wenn da das von Herrn Crookes am Pulsschlag konstatierte »weiblich Herze nicht fehlt«, so eröffnet sich der natürlichen Zuchtwahl ebenfalls eine vierte Dimension, in der sie nicht mehr zu befürchten braucht, mit der bösen Sozialdemokratie verwechselt zu werden.

Genug. Es zeigt sich hier handgreiflich, welches der sicherste Weg von der Naturwissenschaft zum Mystizismus ist. Nicht die überwuchernde Theorie der Naturphilosophie, sondern die allerplatteste, alle Theorie verachtende, gegen alles Denken mißtrauische Empirie. Es ist nicht die aprioristische Notwendigkeit, die die Existenz der Geister beweist, sondern die erfahrungsmäßige Beobachtung der Herren Wallace, Crookes & Co. Wenn wir den spektralanalytischen Beobachtungen von Crookes glauben, die zur Entdeckung des Metalls Thallium führten, oder den reichen zoologischen Entdeckungen von Wallace im Malaiischen Archipel, so verlangt man von |346| uns denselben Glauben für die spiritistischen Erfahrungen und Entdeckungen dieser beiden Forscher. Und wenn wir meinen, daß hier doch ein kleiner Unterschied stattfinde, nämlich der, daß wir die einen verifizieren können und die andern nicht, so entgegnen uns die Geisterseher, daß dies nicht der Fall, und daß sie bereit sind, uns Gelegenheit zu geben, auch die Geistererscheinungen zu verifizieren.

Man verachtet in der Tat die Dialektik nicht ungestraft. Man mag noch so viel Geringschätzung hegen für alles theoretische Denken, so kann man doch nicht zwei Naturtatsachen in Zusammenhang bringen oder ihren bestehenden Zusammenhang einsehn ohne theoretisches Denken. Es fragt sich dabei nur, ob man dabei richtig denkt oder nicht, und die Geringschätzung der Theorie ist selbstredend der sicherste Weg, naturalistisch und damit falsch zu denken. Falsches Denken, zur vollen Konsequenz durchgeführt, kommt aber nach einem altbekannten dialektischen Gesetz regelmäßig an beim Gegenteil seines Ausgangspunkts. Und so straft sich die empirische Verachtung der Dialektik dadurch, daß sie einzelne der nüchternsten Empiriker in den ödesten aller Aberglauben, in den modernen Spiritismus führt.

Ebenso geht es mit der Mathematik. Die gewöhnlichen metaphysischen Mathematiker pochen mit gewaltigem Stolz auf die absolute Unumstößlichkeit der Resultate ihrer Wissenschaft. Zu diesen Resultaten gehören aber auch die imaginären Größen, denen damit auch eine gewisse Realität zukommt. Hat man sich aber erst daran gewöhnt, der $\sqrt{-1}$ oder der vierten Dimension irgendwelche Realität außerhalb unsres Kopfes zuzuschreiben, so kommt es nicht darauf an, ob man noch einen Schritt weiter geht und auch die Geisterwelt der Medien akzeptiert. Es ist, wie Ketteler von Döllinger sagte:

»Der Mann hat in seinem Leben soviel Unsinn verteidigt, da konnte er wahrhaftig auch noch die Unfehlbarkeit in den Kauf nehmen!«

In der Tat ist die bloße Empirie unfähig, mit den Spiritisten fertigzuwerden. Erstens werden die »höheren« Phänomene immer erst dann gezeigt, wenn der betreffende »Forscher« schon soweit eingefangen ist, daß er nur noch sieht, was er sehen soll oder will – wie Crookes das mit so unnachahmlicher Naivität selbst beschreibt. Zweitens aber macht es den Spiritisten nichts aus, wenn Hunderte angeblicher Tatsachen als Prellerei und Dutzende angeblicher Medien als ordinäre Taschenspieler enthüllt werden. Solange nicht jedes einzelne angebliche Wunder wegerklärt ist, bleibt ihnen Terrain genug übrig, wie dies ja auch Wallace bei Gelegenheit der gefälschten |347| Geisterphotographien deutlich sagt. Die Existenz der Fälschungen beweist die Echtheit der echten.

Und so sieht sich denn die Empirie gezwungen, die Zudringlichkeit der Geisterseher nicht mit empirischen Experimenten, sondern mit theoretischen Erwägungen abzufertigen und mit Huxley zu sagen:

»Das einzige Gute, das meiner Ansicht nach bei dem Nachweis der Wahrheit des Spiritualismus herauskommen könnte, wäre dies, ein neues Argument gegen den Selbstmord zu liefern. Lieber als Straßenkehrer leben, denn als Verstorbner Blech schwätzen durch den Mund eines Mediums, das sich für eine Guinea per Sitzung vermietet!«

Friedrich Engels
Anteil der Arbeit an der Menschwerdung des Affen

|444| Die Arbeit ist die Quelle alles Reichtums, sagen die politischen Ökonomen. Sie ist dies – neben der Natur, die ihr den Stoff liefert, den sie in Reichtum verwandelt. Aber sie ist noch unendlich mehr als dies. Sie ist die erste Grundbedingung alles menschlichen Lebens, und zwar in einem solchen Grade, daß wir in gewissem Sinn sagen müssen: Sie hat den Menschen selbst geschaffen.

Vor mehreren hunderttausend Jahren, während eines noch nicht fest bestimmbaren Abschnitts jener Erdperiode, die die Geologen die tertiäre nennen, vermutlich gegen deren Ende, lebte irgendwo in der heißen Erdzone – wahrscheinlich auf einem großen, jetzt auf den Grund des Indischen Ozeans versunkenen Festlande – ein Geschlecht menschenähnlicher Affen von besonders hoher Entwicklung. Darwin hat uns eine annähernde Beschreibung dieser unsrer Vorfahren gegeben. Sie waren über und über behaart, hatten Bärte und spitze Ohren, und lebten in Rudeln auf Bäumen.

Wohl zunächst durch ihre Lebensweise veranlaßt, die beim Klettern den Händen andre Geschäfte zuweist als den Füßen, fingen diese Affen an, auf ebner Erde sich der Beihülfe der Hände beim Gehen zu entwöhnen und einen mehr und mehr aufrechten Gang anzunehmen. Damit war *der entscheidende Schritt getan für den Übergang vom Affen zum Menschen.*

Alle noch jetzt lebenden menschenähnlichen Affen können aufrecht stehn und sich auf den beiden Füßen allein fortbewegen. Aber nur zur Not und höchst unbehülflich. Ihr natürlicher Gang geschieht in halbaufgerichteter Stellung und schließt den Gebrauch der Hände ein. Die meisten stützen die Knöchel der Faust auf den Boden und schwingen den Körper mit eingezogenen Beinen zwischen den langen Armen durch, wie ein Lahmer, der auf Krücken geht. Überhaupt können wir bei den Affen alle Übergangs-|445| stufen vom Gehen auf allen vieren bis zum Gang auf den beiden Füßen noch jetzt beobachten. Aber bei keinem von ihnen ist der letztere mehr als ein Notbehelf geworden.

Wenn der aufrechte Gang bei unsern behaarten Vorfahren zuerst Regel und mit der Zeit eine Notwendigkeit werden sollte, so setzt dies voraus, daß den Händen inzwischen mehr und mehr anderweitige Tätigkeiten zufielen. Auch bei den Affen herrscht schon eine gewisse Teilung der Verwendung von Hand und Fuß. Die Hand wird, wie schon erwähnt, beim Klettern in andrer Weise gebraucht als der Fuß. Sie dient vorzugsweise zum Pflücken und Festhalten der Nahrung, wie dies schon bei niederen Säugetieren mit den Vorderpfoten geschieht. Mit ihr bauen sich manche Affen Nester in den Bäumen oder gar, wie der Schimpanse, Dächer zwischen den Zweigen zum Schutz gegen die Witterung. Mit ihr ergreifen sie Knüttel zur Verteidigung gegen Feinde oder bombardieren diese mit Früchten und Steinen. Mit ihr vollziehen sie in der Gefangenschaft eine Anzahl einfacher, den Menschen abgesehener Verrichtungen. Aber grade hier zeigt sich, wie groß der Abstand ist zwischen der unentwickelten Hand selbst der menschenähnlichsten Affen und der durch die Arbeit von Jahrhunderttausenden hoch ausgebildeten Menschenhand. Die Zahl und allgemeine Anordnung der Knochen und Muskeln stimmen bei beiden; aber die Hand des niedrigsten Wilden kann Hunderte von Verrichtungen ausführen, die keine Affenhand ihr nachmacht. Keine Affenhand hat je das rohste Steinmesser verfertigt.

Die Verrichtungen, denen unsre Vorfahren im Übergang vom Affen zum Menschen im Lauf vieler Jahrtausende allmählich ihre Hand anpassen lernten, können daher anfangs nur sehr einfache gewesen sein. Die niedrigsten Wilden, selbst diejenigen, bei denen ein Rückfall in einen mehr tierähnlichen Zustand mit gleichzeitiger körperlicher Rückbildung anzunehmen ist, stehn immer noch weit höher als jene Übergangsgeschöpfe. Bis der erste Kiesel durch Menschenhand zum Messer verarbeitet wurde, darüber mögen Zeiträume verflossen sein, gegen die die uns bekannte geschichtliche Zeit unbedeutend erscheint. Aber der entscheidende Schritt war getan: *Die Hand war frei geworden* und konnte sich nun immer neue Geschicklichkeiten erwerben, und die damit erworbene größere Biegsamkeit vererbte und vermehrte sich von Geschlecht zu Geschlecht.

So ist die Hand nicht nur das Organ der Arbeit, *sie ist auch ihr Produkt.* Nur durch Arbeit, durch Anpassung an immer neue Verrichtungen, durch Vererbung der dadurch erworbenen besondern Ausbildung der Muskel, Bänder, und in längeren Zeiträumen auch der Knochen, und durch immer erneuerte Anwendung dieser vererbten Verfeinerung auf neue, stets ver-|446| wickeltere Verrichtungen hat die Menschenhand jenen hohen Grad von Vollkommenheit erhalten, auf dem sie Raffaelsche Gemälde, Thorvaldsensche Statuen, Paganinische Musik hervorzaubern konnte.

Aber die Hand stand nicht allein. Sie war nur ein einzelnes Glied eines ganzen, höchst zusammengesetzten Organismus. Und was der Hand zugute kam, kam auch dem ganzen Körper zugute, in dessen Dienst sie arbeitete – und zwar doppelter Weise.

Zuerst infolge des Gesetzes der Korrelation des Wachstums, wie Darwin es genannt hat. Nach diesem Gesetz sind bestimmte Formen einzelner Teile eines organischen Wesens stets an gewisse Formen andrer Teile geknüpft, die scheinbar gar keinen Zusammenhang mit jenen haben. So haben alle Tiere, welche rote Blutzellen ohne Zellenkern besitzen und deren Hinterkopf mit dem ersten Rückgratswirbel durch zwei Gelenkstellen (Kondylen) verbunden ist, ohne Ausnahme auch Milchdrüsen zum Säugen der Jungen. So sind bei Säugetieren gespaltene Klauen regelmäßig mit dem mehrfachen Magen zum Wiederkäuen verbunden. Änderungen bestimmter Formen ziehn Änderungen der Form andrer Körperteile nach sich, ohne daß wir den Zusammenhang erklären können. Ganz weiße Katzen mit blauen Augen sind immer, oder beinahe immer, taub. Die allmähliche Verfeinerung der Menschenhand und die mit ihr Schritt haltende Ausbildung des Fußes für den aufrechten Gang hat unzweifelhaft auch durch solche Korrelation auf andre Teile des Organismus rückgewirkt. Doch ist diese Einwirkung noch viel zu wenig untersucht, als daß wir hier mehr tun könnten, als sie allgemein konstatieren.

Weit wichtiger ist die direkte, nachweisbare Rückwirkung der Entwicklung der Hand auf den übrigen Organismus. Wie schon gesagt, waren unsre äffischen Vorfahren gesellig; es ist augenscheinlich unmöglich, den Menschen, das geselligste aller Tiere, von einem ungeselligen nächsten Vorfahren abzuleiten. Die mit der Ausbildung der Hand, mit der Arbeit, beginnende Herrschaft über die Natur erweiterte bei jedem neuen Fortschritt den Gesichtskreis des Menschen. An den Naturgegenständen entdeckte er fortwährend neue, bisher unbekannte Eigenschaften. Andrerseits trug die Ausbildung der Arbeit notwendig dazu bei, die Gesellschaftsglieder näher aneinanderzuschließen, indem sie die Fälle gegenseitiger Unterstützung, gemeinsamen Zusammenwirkens vermehrte und das Bewußtsein von der Nützlichkeit dieses Zusammenwirkens für jeden einzelnen klärte. Kurz, die werdenden Menschen kamen dahin, daß sie einander *etwas zu sagen hatten.* Das Bedürfnis schuf sich sein Organ: Der unentwickelte Kehlkopf des Affen bildete sich langsam aber sicher um, durch Modulation für stets gesteigerte |447| Modulation, und die Organe des Mundes lernten allmählich einen artikulierten Buchstaben nach dem andern aussprechen.

Daß diese Erklärung der Entstehung der Sprache aus und mit der Arbeit die einzig richtige ist, beweist der Vergleich mit den Tieren. Das wenige, was diese, selbst die höchstentwickelten, einander mitzuteilen haben, können sie einander auch ohne artikulierte Sprache mitteilen. Im Naturzustand fühlt kein Tier es als einen Mangel, nicht sprechen oder menschliche Sprache nicht verstehn zu können. Ganz anders, wenn es durch Menschen gezähmt ist. Der Hund und das Pferd haben im Umgang mit Menschen ein so gutes Ohr für artikulierte Sprache erhalten, daß sie jede Sprache leicht soweit verstehn lernen, wie ihr Vorstellungskreis reicht. Sie haben sich ferner die Fähigkeit für Empfindungen wie Anhänglichkeit an Menschen, Dankbarkeit usw. erworben, die ihnen früher fremd waren; und wer viel mit solchen Tieren umgegangen ist, wird sich kaum der Überzeugung verschließen können, daß es Fälle genug gibt, wo sie jetzt die Unfähigkeit zu sprechen als einen Mangel empfinden, dem allerdings bei ihren allzusehr in bestimmter Richtung spezialisierten Stimmorganen leider nicht mehr abzuhelfen ist. Wo aber das Organ vorhanden ist, da fällt auch diese Unfähigkeit innerhalb gewisser Grenzen weg. Die Mundorgane der Vögel sind sicher so verschieden wie nur möglich von denen des Menschen, und doch sind Vögel die einzigen Tiere, die sprechen lernen; und der Vogel mit der abscheulichsten Stimme, der Papagei, spricht am besten. Man sage nicht, er verstehe nicht, was er spricht. Allerdings wird er aus reinem Vergnügen am Sprechen und an der Gesellschaft von Menschen stundenlang seinen ganzen Wortreichtum plappernd wiederholen. Aber soweit sein Vorstellungskreis reicht, soweit kann er auch verstehen lernen, was er sagt. Man lehre einen Papagei Schimpfwörter, so daß er eine Vorstellung von ihrer Bedeutung bekommt (ein Hauptvergnügen aus heißen Ländern zurücksegelnder Matrosen); man reize ihn, und man wird bald finden, daß er seine Schimpfwörter ebenso richtig zu verwerten weiß wie eine Berliner Gemüsehökerin. Ebenso beim Betteln um Leckereien.

Arbeit zuerst, nach und dann mit ihr die Sprache – das sind die beiden wesentlichsten Antriebe, unter deren Einfluß das Gehirn eines Affen in das bei aller Ähnlichkeit weit größere und vollkommnere eines Menschen allmählich übergegangen ist. Mit der Fortbildung des Gehirns aber ging Hand in Hand die Fortbildung seiner nächsten Werkzeuge, der Sinnesorgane. Wie schon die Sprache in ihrer allmählichen Ausbildung notwendig begleitet wird von einer entsprechenden Verfeinerung des Gehörorgans, so die Ausbildung des Gehirns überhaupt von der der sämtlichen Sinne. Der |448| Adler sieht viel weiter als der Mensch, aber des Menschen Auge sieht viel mehr an den Dingen als das des Adlers. Der Hund hat eine weit feinere Spürnase als der Mensch, aber er unterscheidet nicht den hundertsten Teil der Gerüche, die für diesen bestimmte Merkmale verschiedner Dinge sind. Und der Tastsinn, der beim Affen kaum in seinen rohsten Anfängen existiert, ist erst mit der Menschenhand selbst, durch die Arbeit, herausgebildet worden.

Die Rückwirkung der Entwicklung des Gehirns und seiner dienstbaren Sinne, des sich mehr und mehr klärenden Bewußtseins, Abstraktions- und Schlußvermögens auf Arbeit und Sprache gab beiden immer neuen Anstoß zur Weiterbildung, einer Weiterbildung, die nicht etwa einen Abschluß fand, sobald der Mensch endgültig vom Affen geschieden war, sondern die seitdem bei verschiednen Völkern und zu verschiednen Zeiten verschieden nach Grad und Richtung, stellenweise selbst unterbrochen durch örtlichen und zeitlichen Rückgang, im ganzen und großen gewaltig vorangegangen ist; einerseits mächtig vorangetrieben, andrerseits in bestimmtere Richtungen gelenkt durch ein mit dem Auftreten des fertigen Menschen neu hinzutretendes Element – die *Gesellschaft*.

Hunderttausende von Jahren – in der Geschichte der Erde nicht mehr als eine Sekunde im Menschenleben[*] – sind sicher vergangen, ehe aus dem Rudel baumkletternder Affen eine Gesellschaft von Menschen hervorgegangen war. Aber schließlich war sie da. Und was finden wir wieder als den bezeichnenden Unterschied zwischen Affenrudel und Menschengesellschaft? *Die Arbeit.* Das Affenrudel begnügte sich damit, seinen Futterbezirk abzuweiden, der ihm durch die geographische Lage oder durch den Widerstand benachbarter Rudel zugeteilt war; es unternahm Wanderungen und Kämpfe, um neues Futtergebiet zu gewinnen, aber es war unfähig, aus dem Futterbezirk mehr herauszuschlagen, als er von Natur bot, außer daß es ihn unbewußt mit seinen Abfällen düngte. Sobald alle möglichen Futterbezirke besetzt waren, konnte keine Vermehrung der Affenbevölkerung mehr stattfinden; die Zahl der Tiere konnte sich höchstens gleichbleiben. Aber bei allen Tieren findet Nahrungsverschwendung in hohem Grade statt, und daneben Ertötung des Nahrungsnachwuchses im Keime. Der Wolf schont nicht, wie der Jäger, die Rehgeiß, die ihm im nächsten Jahr die Böcklein liefern soll; die Ziegen in Griechenland, die das junge Gestrüpp abweiden, |449| eh' es heranwächst, haben alle Berge des Landes kahlgefressen. Dieser »Raubbau« der Tiere spielt bei der allmählichen Umwand-

---

[*] Eine Autorität ersten Rangs in dieser Beziehung, Sir W. Thomson, hat berechnet, daß *nicht viel mehr als hundert Millionen Jahre* verflossen sein können seit der Zeit, wo die Erde soweit abgekühlt war, daß Pflanzen und Tiere auf ihr leben konnten. [Anm. v. Engels]

lung der Arten eine wichtige Rolle, indem er sie zwingt, andrer als der gewohnten Nahrung sich anzubequemen, wodurch ihr Blut andre chemische Zusammensetzung bekommt und die ganze Körperkonstitution allmählich eine andre wird, während die einmal fixierten Arten absterben. Es ist nicht zu bezweifeln, daß dieser Raubbau mächtig zur Menschwerdung unsrer Vorfahren beigetragen hat. Bei einer Affenrasse, die an Intelligenz und Anpassungsfähigkeit allen andern weit voraus war, mußte er dahin führen, daß die Zahl der Nahrungspflanzen sich mehr und mehr ausdehnte, daß von den Nahrungspflanzen mehr und mehr eßbare Teile zur Verzehrung kamen, kurz, daß die Nahrung immer mannigfacher wurde und mit ihr die in den Körper eingehenden Stoffe, die chemischen Bedingungen der Menschwerdung. Das alles war aber noch keine eigentliche Arbeit. Die Arbeit fängt an mit der Verfertigung von Werkzeugen. Und was sind die ältesten Werkzeuge, die wir vorfinden? Die ältesten, nach den vorgefundenen Erbstücken vorgeschichtlicher Menschen und nach der Lebensweise der frühesten geschichtlichen Völker wie der rohesten jetzigen Wilden zu urteilen? Werkzeuge der Jagd und des Fischfangs, erstere zugleich Waffen. Jagd und Fischfang aber setzen den Übergang von der bloßen Pflanzennahrung zum Mitgenuß des Fleisches voraus, und hier haben wir wieder einen wesentlichen Schritt zur Menschwerdung. *Die Fleischkost* enthielt in fast fertigem Zustand die wesentlichsten Stoffe, deren der Körper zu seinem Stoffwechsel bedarf; sie kürzte mit der Verdauung die Zeitdauer der übrigen vegetativen, dem Pflanzenleben entsprechenden Vorgänge im Körper ab und gewann damit mehr Zeit, mehr Stoff und mehr Lust für die Betätigung des eigentlich tierischen (animalischen) Lebens. Und je mehr der werdende Mensch sich von der Pflanze entfernte, desto mehr erhob er sich auch über das Tier. Wie die Gewöhnung an Pflanzennahrung neben dem Fleisch die wilden Katzen und Hunde zu Dienern des Menschen gemacht, so hat die Angewöhnung an die Fleischnahrung neben der Pflanzenkost wesentlich dazu beigetragen, dem werdenden Menschen Körperkraft und Selbständigkeit zu geben. Am wesentlichsten aber war die Wirkung der Fleischnahrung auf das Gehirn, dem nun die zu seiner Ernährung und Entwicklung nötigen Stoffe weit reichlicher zuflossen als vorher, und das sich daher von Geschlecht zu Geschlecht rascher und vollkommener ausbilden konnte. Mit Verlaub der Herren Vegetarianer, der Mensch ist nicht ohne Fleischnahrung zustande gekommen, und wenn die Fleischnahrung auch bei allen uns bekannten Völkern zu irgendeiner Zeit einmal zur Menschenfresserei |450| geführt hat (die Vorfahren der Berliner, die Weletaben oder Wilzen, aßen ihre Eltern noch im 10. Jahrhundert), so kann uns das heute nichts mehr ausmachen.

Die Fleischkost führte zu zwei neuen Fortschritten von entscheidender Bedeutung: zur Dienstbarmachung des Feuers und zur Zähmung von Tieren. Die erstere kürzte den Verdauungsprozeß noch mehr ab, indem sie die Kost schon sozusagen halbverdaut an den Mund brachte, die zweite machte die Fleischkost reichlicher, indem sie neben der Jagd eine neue regelmäßigere Bezugsquelle dafür eröffnete, und lieferte außerdem in der Milch und ihren Produkten ein neues, dem Fleisch an Stoffmischung mindestens gleichwertiges Nahrungsmittel. So wurden beide schon direkt neue Emanzipationsmittel für den Menschen; auf ihre indirekten Wirkungen im einzelnen einzugehn, würde uns hier zu weit führen, von so hoher Wichtigkeit sie auch für die Entwicklung des Menschen und der Gesellschaft gewesen sind.

Wie der Mensch alles Eßbare essen lernte, so lernte er auch in jedem Klima leben. Er verbreitete sich über die ganze bewohnbare Erde, er, das einzige Tier, das in sich selbst die Machtvollkommenheit dazu besaß. Die andren Tiere, die sich an alle Klimata gewöhnt haben, haben dies nicht aus sich selbst, nur im Gefolge des Menschen, gelernt: Haustiere und Ungeziefer. Und der Übergang aus dem gleichmäßig heißen Klima der Urheimat in kältere Gegenden, wo das Jahr sich in Winter und Sommer teilte, schuf neue Bedürfnisse: Wohnung und Kleidung zum Schutz gegen Kälte und Nässe, neue Arbeitsgebiete und damit neue Betätigungen, die den Menschen immer weiter vom Tier entfernten.

Durch das Zusammenwirken von Hand, Sprachorganen und Gehirn nicht allein bei jedem einzelnen, sondern auch in der Gesellschaft, wurden die Menschen befähigt, immer verwickeltere Verrichtungen auszuführen, immer höhere Ziele sich zu stellen

176

und zu erreichen. Die Arbeit selbst wurde von Geschlecht zu Geschlecht eine andre, vollkommnere, vielseitigere. Zur Jagd und Viehzucht trat der Ackerbau, zu diesem Spinnen und Weben, Verarbeitung der Metalle, Töpferei, Schiffahrt. Neben Handel und Gewerbe trat endlich Kunst und Wissenschaft, aus Stämmen wurden Nationen und Staaten. Recht und Politik entwickelten sich, und mit ihnen das phantastische Spiegelbild der menschlichen Dinge im menschlichen Kopf: die Religion. Vor allen diesen Gebilden, die zunächst als Produkte des Kopfs sich darstellten und die die menschlichen Gesellschaften zu beherrschen schienen, traten die bescheidneren Erzeugnisse der arbeitenden Hand in den Hintergrund; und zwar um so mehr, als der die Arbeit planende |451| Kopf schon auf einer sehr frühen Entwicklungsstufe der Gesellschaft (z.B. schon in der einfachen Familie) die geplante Arbeit durch andre Hände ausführen lassen konnte als die seinigen. Dem Kopf, der Entwicklung und Tätigkeit des Gehirns, wurde alles Verdienst an der rasch fortschreitenden Zivilisation zugeschrieben; die Menschen gewöhnten sich daran, ihr Tun aus ihrem Denken zu erklären statt aus ihren Bedürfnissen (die dabei allerdings im Kopf sich widerspiegeln, zum Bewußtsein kommen) – und so entstand mit der Zeit jene idealistische Weltanschauung, die namentlich seit Untergang der antiken Welt die Köpfe beherrscht hat. Sie herrscht noch so sehr, daß selbst die materialistischsten Naturforscher der Darwinschen Schule sich noch keine klare Vorstellung von der Entstehung des Menschen machen können, weil sie unter jenem ideologischen Einfluß die Rolle nicht erkennen, die die Arbeit dabei gespielt hat.

Die Tiere, wie schon angedeutet, verändern durch ihre Tätigkeit die äußere Natur ebensogut, wenn auch nicht in dem Maße wie der Mensch, und diese durch sie vollzogenen Änderungen ihrer Umgebung wirken, wie wir sahen, wieder verändernd auf ihre Urheber zurück. Denn in der Natur geschieht nichts vereinzelt. Jedes wirkt aufs andre und umgekehrt, und es ist meist das Vergessen dieser allseitigen Bewegung und Wechselwirkung, das unsre Naturforscher verhindert, in den einfachsten Dingen klarzusehn. Wir sahen, wie die Ziegen die Wiederbewaldung von Griechenland verhindern; in Sankt Helena haben die von den ersten Anseglern ans Land gesetzten Ziegen und Schweine es fertiggebracht, die alte Vegetation der Insel fast ganz auszurotten, und so den Boden bereitet, auf dem die von späteren Schiffern und Kolonisten zugeführten Pflanzen sich ausbreiten konnten. Aber wenn die Tiere eine dauernde Einwirkung auf ihre Umgebung ausüben, so geschieht dies unabsichtlich und ist, für diese Tiere selbst, etwas Zufälliges. Je mehr die Menschen sich aber vom Tier entfernen, desto mehr nimmt ihre Einwirkung auf die Natur den Charakter vorbedachter, planmäßiger, auf bestimmte, vorher bekannte Ziele gerichteter Handlung an. Das Tier vernichtet die Vegetation eines Landstrichs, ohne zu wissen, was es tut. Der Mensch vernichtet sie, um in den freigewordnen Boden Feldfrüchte zu säen oder Bäume und Reben zu pflanzen, von denen er weiß, daß sie ihm ein Vielfaches der Aussaat einbringen werden. Er versetzt Nutzpflanzen und Haustiere von einem Land ins andre und ändert so die Vegetation und das Tierleben ganzer Weltteile. Noch mehr. Durch künstliche Züchtung werden Pflanzen wie Tiere unter der Hand des Menschen in einer Weise verändert, daß sie nicht wiederzuerkennen sind. Die wilden Pflanzen, von denen unsre Getreidearten abstammen, werden noch ver-|452| gebens gesucht. Von welchem wilden Tier unsre Hunde, die selbst unter sich so verschieden sind, oder unsre ebenso zahlreichen Pferderassen abstammen, ist noch immer streitig.

Es versteht sich übrigens von selbst, daß es uns nicht einfällt, den Tieren die Fähigkeit planmäßiger, vorbedachter Handlungsweise abzustreiten. Im Gegenteil. Planmäßige Handlungsweise existiert im Keime schon überall, wo Protoplasma, lebendiges Eiweiß existiert und reagiert, d.h. bestimmte, wenn auch noch so einfache Bewegungen als Folge bestimmter Reize von außen vollzieht. Solche Reaktion findet statt, wo noch gar keine Zelle, geschweige eine Nervenzelle, besteht. Die Art, wie insektenfressende Pflanzen ihre Beute abfangen, erscheint ebenfalls in gewisser Beziehung als planmäßig, obwohl vollständig bewußtlos. Bei den Tieren entwickelt sich die Fähigkeit bewußter, planmäßiger Aktion im Verhältnis zur Entwicklung des Nervensystems und erreicht bei den Säugetieren eine schon hohe Stufe. Auf der englischen Fuchsparforcejagd kann man täglich beobachten, wie genau der Fuchs seine große Ortskenntnis zu verwenden weiß, um seinen Verfolgern zu entgehn, und wie gut er alle Bodenvorteile kennt und benutzt, die die Fährte unterbrechen. Bei unsern im Umgang mit Menschen höher entwickelten Haustieren kann man tagtäglich Streiche der Schlauheit beobachten, die mit denen menschlicher Kinder ganz auf derselben Stufe stehn. Denn wie die Entwicklungsgeschichte des menschlichen Keims im Mutterleibe nur eine abgekürzte Wiederholung der millionenjährigen körperlichen Entwicklungsgeschichte unsrer tierischen Vorfahren, vom Wurm angefangen, darstellt, so die geistige Entwicklung des menschlichen Kindes eine, nur noch mehr abgekürzte, Wiederholung der intellektuellen Entwicklung derselben Vorfahren, wenigstens der späteren. Aber alle planmäßige Aktion aller Tiere hat es nicht fertiggebracht, der Erde den Stempel ihres Willens aufzudrücken. Dazu gehörte der Mensch.

Kurz, das Tier *benutzt* die äußere Natur bloß und bringt Änderungen in ihr einfach durch seine Anwesenheit zustande; der Mensch macht sie durch seine Änderungen seinen Zwecken dienstbar, *beherrscht* sie. Und das ist der letzte, wesentliche Unterschied des Menschen von den übrigen Tieren, und es ist wieder die Arbeit, die diesen Unterschied bewirkt. [Am Rande des Manuskripts ist mit Bleistift vermerkt: »Veredlung«]

Schmeicheln wir uns indes nicht zu sehr mit unsern menschlichen Siegen über die Natur. Für jeden solchen Sieg rächt sie sich an uns. Jeder hat in erster Linie zwar die Folgen, auf die wir gerechnet, aber in zweiter und dritter Linie hat er ganz andre, unvorhergesehene Wirkungen, die nur zu |453| oft jene ersten Folgen wieder aufheben. Die Leute, die in Mesopotamien, Griechenland, Kleinasien und anderswo die Wälder ausrotteten, um urbares Land zu gewinnen, träumten nicht, daß sie damit den Grund zur jetzigen Verödung jener Länder legten, indem sie ihnen mit den Wäldern die Ansammlungszentren und Behälter der Feuchtigkeit entzogen. Die Italiener der Alpen, als sie die am Nordabhang des Gebirgs so sorgsam gehegten Tannenwälder am Südabhang vernutzten, ahnten nicht, daß sie damit der Sennwirtschaft auf ihrem Gebiet die Wurzel abgruben; sie ahnten noch weniger, daß sie dadurch ihren Bergquellen für den größten Teil des Jahrs das Wasser entzogen, damit diese zur Regenzeit um so wütendere Flutströme über die Ebene ergießen könnten. Die Verbreiter der Kartoffel in Europa wußten nicht, daß sie mit den mehligen Knollen zugleich die Skrofelkrankheit verbreiteten. Und so werden wir bei jedem Schritt daran erinnert, daß wir keineswegs die Natur beherrschen, wie ein Eroberer ein fremdes Volk beherrscht, wie jemand, der außer der Natur steht – sondern daß wir mit Fleisch und Blut und Hirn ihr angehören und mitten in ihr stehn, und daß unsre ganze Herrschaft über sie darin besteht, im Vorzug vor allen andern Geschöpfen ihre Gesetze erkennen und richtig anwenden zu können.

Und in der Tat lernen wir mit jedem Tag ihre Gesetze richtiger verstehn und die näheren und entfernteren Nachwirkungen unsrer Eingriffe in den herkömmlichen Gang der Natur erkennen. Namentlich seit den gewaltigen Fortschritten der Naturwissenschaft in diesem Jahrhundert werden wir mehr und mehr in den Stand gesetzt, auch die entfernteren natürlichen Nachwirkungen wenigstens unsrer gewöhnlichsten Produktionshandlungen kennen und damit beherrschen zu lernen. Je mehr dies aber geschieht, desto mehr werden sich die Menschen wieder als Eins mit der Natur nicht nur fühlen, sondern auch wissen, und je unmöglicher wird jene widersinnige und widernatürliche Vorstellung von einem Gegensatz zwischen Geist und Materie, Mensch und Natur, Seele und Leib, wie sie seit dem Verfall des klassischen Altertums in Europa aufgekommen und im Christentum ihre höchste Ausbildung erhalten hat.

Hat es aber schon die Arbeit von Jahrtausenden erfordert, bis wir einigermaßen lernten, die entferntern *natürlichen* Wirkungen unsrer auf die Produktion gerichteten Handlungen zu berechnen, so war dies noch weit schwieriger in bezug auf die entfernteren *gesellschaftlichen Wirkungen* dieser Handlungen. Wir erwähnten die Kartoffel und in ihrem Gefolge die Ausbreitung der Skrofeln. Aber was sind die Skrofeln gegen die Wirkungen, die die Reduktion der Arbeiter auf Kartoffelnahrung auf die Lebenslage der Volksmassen ganzer Länder hatte, gegen die Hungersnot, die 1847 im |454| Gefolge der Kartoffelkrankheit Irland betraf, eine Million kartoffel- und fast nur kartoffelessender Ir-

180

länder unter die Erde und zwei Millionen über das Meer warf? Als die Araber den Alkohol destillieren lernten, ließen sie sich nicht im Traume einfallen, daß sie damit eins der Hauptwerkzeuge geschaffen, womit die Ureinwohner des damals noch gar nicht entdeckten Amerikas aus der Welt geschafft werden sollten. Und als dann Kolumbus dies Amerika entdeckte, wußte er nicht, daß er damit die in Europa längst überwundne Sklaverei zu neuem Leben erweckte und die Grundlage zum Negerhandel legte. Die Männer, die im siebzehnten und achtzehnten Jahrhundert an der Herstellung der Dampfmaschine arbeiteten, ahnten nicht, daß sie das Werkzeug fertigstellten, das mehr als jedes andre die Gesellschaftszustände der ganzen Welt revolutionieren und namentlich in Europa durch Konzentrierung des Reichtums auf Seite der Minderzahl, und der Besitzlosigkeit auf Seite der ungeheuren Mehrzahl, zuerst der Bourgeoisie die soziale und politische Herrschaft verschaffen, dann aber einen Klassenkampf zwischen Bourgeoisie und Proletariat erzeugen sollte, der nur mit dem Sturz der Bourgeoisie und der Abschaffung aller Klassengegensätze endigen kann. – Aber auch auf diesem Gebiet lernen wir allmählich, durch lange, oft harte Erfahrung und durch Zusammenstellung und Untersuchung des geschichtlichen Stoffs, uns über die mittelbaren, entfernteren gesellschaftlichen Wirkungen unsrer produktiven Tätigkeit Klarheit zu verschaffen, und damit wird uns die Möglichkeit gegeben, auch diese Wirkungen zu beherrschen und zu regeln.

Um diese Regelung aber durchzuführen, dazu gehört mehr als die bloße Erkenntnis. Dazu gehört eine vollständige Umwälzung unsrer bisherigen Produktionsweise und mit ihr unsrer jetzigen gesamten gesellschaftlichen Ordnung.

Alle bisherigen Produktionsweisen sind nur auf Erzielung des nächsten, unmittelbarsten Nutzeffekts der Arbeit ausgegangen. Die weiteren erst in späterer Zeit eintretenden, durch allmähliche Wiederholung und Anhäufung wirksam werdenden Folgen blieben gänzlich vernachlässigt. Das ursprüngliche gemeinsame Eigentum am Boden entsprach einerseits einem Entwicklungszustand der Menschen, der ihren Gesichtskreis überhaupt auf das Allernächste beschränkte, und setzte andrerseits einen gewissen Überfluß an verfügbarem Boden voraus, der gegenüber den etwaigen schlimmen Folgen dieser waldursprünglichen Wirtschaft einen gewissen Spielraum ließ. Wurde dieser Überschuß von Land erschöpft, so verfiel auch das Gemeineigentum. Alle höheren Formen der Produktion aber sind zur Trennung der Bevölkerung in verschiedne Klassen und damit zum Gegensatz |455| von herrschenden und unterdrückten Klassen vorangegangen; damit aber wurde das Interesse der herrschenden Klasse das treibende Element der Produktion, soweit diese sich nicht auf den notdürftigsten Lebensunterhalt der Unterdrückten beschränkte. Am vollständigsten ist dies in der jetzt in Westeuropa herrschenden kapitalistischen Produktionsweise durchgeführt. Die einzelnen, Produktion und Austausch beherrschenden Kapitalisten können sich nur um den unmittelbarsten Nutzeffekt ihrer Handlungen kümmern. Ja selbst dieser Nutzeffekt – soweit es sich um den Nutzen des erzeugten oder ausgetauschten Artikels handelt – tritt vollständig in den Hintergrund; der beim Verkauf zu erzielende Profit wird die einzige Triebfeder.

Die Sozialwissenschaft der Bourgeoisie, die klassische politische Ökonomie, beschäftigt sich vorwiegend nur mit den unmittelbar beabsichtigten gesellschaftlichen Wirkungen der auf Produktion und Austausch gerichteten menschlichen Handlungen. Dies entspricht ganz der gesellschaftlichen Organisation, deren theoretischer Ausdruck sie ist. Wo einzelne Kapitalisten um des unmittelbaren Profits willen produzieren und austauschen, können in erster Linie nur die nächsten, unmittelbarsten Resultate in Betracht kommen. Wenn der einzelne Fabrikant oder Kaufmann die fabrizierte oder eingekaufte Ware nur mit dem üblichen Profitchen verkauft, so ist er zufrieden, und es kümmert ihn nicht, was nachher aus der Ware und deren Käufer wird. Ebenso mit den natürlichen Wirkungen derselben Handlungen. Die spanischen Pflanzer in Kuba, die die Wälder an den Abhängen niederbrannten und in der Asche Dünger genug für eine Generation höchst rentabler Kaffeebäume vorfanden – was lag ihnen daran, daß nachher die tropischen Regengüsse die nun schutzlose Dammerde herabschwemmten und nur nackten Fels hinterließen? Gegenüber der Natur wie der Gesellschaft kommt bei der heutigen Produktionsweise vorwiegend nur der erste, handgreiflichste Erfolg in Betracht; und dann wundert man sich noch, daß die entfernteren Nachwirkungen der hierauf gerichteten Handlungen ganz andre, meist ganz entgegengesetzte sind, daß die Harmonie von Nachfrage und Angebot in deren polaren Gegensatz umschlägt, wie der Verlauf jedes zehnjährigen industriellen Zyklus ihn vorführt und wie auch Deutschland im »Krach« ein kleines Vorspiel davon erlebt hat; daß das auf eigne Arbeit gegründete Privateigentum sich mit Notwendigkeit fortentwickelt zur Eigentumslosigkeit der Arbeiter, während aller Besitz sich mehr und mehr in den Händen von Nichtarbeitern konzentriert, daß [... – hier bricht das Manuskript ab]

Literatur

Die Arbeiten und Briefe von Friedrich Engels und Karl Marx sind mit ihrem Titel bzw. dem üblichen Nachweis bei ihrer ersten Erwähnung im Text bezeichnet. Sie werden danach als Marx-Engels-Werke (Berlin 1956ff.) zitiert und sind mit MEW, dem Band und den entsprechenden Seitenzahlen nachgewiesen. Im folgenden Literaturverzeichnis sind sie nicht aufgenommen.

Altvater, Elmar (1992): Der Preis des Wohlstands oder Umweltplünderung und neue Welt(un)ordnung, Münster

Altvater, Elmar (2005): Das Ende des Kapitalismus, wie wir ihn kennen. Eine radikale Kapitalismuskritik, Münster

Altvater, Elmar (2012): Marx neu entdecken. Das hellblaue Bändchen zur Einführung in die Kritik der Politischen Ökonomie, Hamburg

Altvater, Elmar (2013): Wachstum, Globalisierung, Anthropozän. Steigerungsformen einer zerstörerischen Wirtschaftsweise, in: Emanzipation, Zeitschrift für sozialistische Theorie und Praxis, Nr. 5, Sommer: 71-88

Altvater, Elmar (2014a): Dunkle Sonne. Im Erdzeitalter des Kapitals, in: Le Monde diplomatique Nr. 10564 vom 14.11.2014; www.monde-diplomatique.de/pm/2014/11/14.mondeText.artikel,a0003.idx,1

Altvater, Elmar (2014b): El Capital y el Capitalocene, in: Mundo Siglo XXI, No. 33, Vol. IX, Mayo-Agosto 2014: 5-15

Altvater, Elmar (2015): Der unglückselige Rohstoffreichtum: Warum Rohstoffextraktion das Gute Leben erschwert, in: Roth, Julia (Hrsg.): Lateinamerikas koloniales Gedächtnis. Vom Ende der Ressourcen, so wie wir sie kennen, Baden-Baden: 239-259

Altvater, Elmar/Brunnengräber, Achim (Hrsg.) (2008): Ablasshandel gegen Klimawandel? Marktbasierte Instrumente in der globalen Klimapolitik und ihre Alternativen, Hamburg

Altvater, Elmar/Mahnkopf, Birgit (2007): Grenzen der Globalisierung. Ökonomie, Politik, Ökologie in der Weltgesellschaft, Münster (7. Aufl.)

Backhaus, Hans-Georg/Reichelt, Helmut (1995): Wie ist der Wertbegriff in der Ökonomie zu konzipieren?, in: Beiträge zur Marx-Engels-Forschung. Neue Folge, Hamburg: 60-94

Bardi, Ugo (2013): Der geplünderte Planet. Die Zukunft des Menschen im Zeitalter schwindender Ressourcen, München

Beiträge zur Marx-Engels-Forschung (2006): Karl Marx und die Naturwissenschaften im 19. Jahrhundert. Herausgegeben von Carl-Erich Vollgraf, Richard Sperl und Rolf Hecker, Neue Folge, Hamburg

Brand, Ulrich (2014): Kapitalistisches Wachstum und soziale Herrschaft. Motive, Argumente und Schwächen grundlegender Wachstumskritik. In: Prokla 44(2), 175, 289-306

Brand, Ulrich/Christoph Görg (2003): Postfordistische Naturverhältnisse. Konflikte um genetische Ressourcen und die Internationalisierung des Staates, Münster

Brand, Ulrich/Wissen, Markus (2011). Sozial-ökologische Krise und imperiale Lebensweise. Zu Krise und Kontinuität kapitalistischer Naturverhältnisse. In: Demirović, Alex/Dück, Julia/Becker, Florian/Bader, Pauline (Hrsg.), Vielfach Krise im finanzdominierten Kapitalismus, Hamburg: 78-93

Braudel, Fernand (1986): Sozialgeschichte des 15.-18. Jahrhunderts, 3 Bände, München

Braudel, Fernand (1990/2001): Das Mittelmeer und die mediterrane Welt in der Epoche Philipps des II., Band 1 bis 3, Frankfurt a.M.

Briggs, John/Peat, David (1991): Die Entdeckung des Chaos. Eine Reise durch die Chaos-Theorie, Frankfurt a.M./Wien

Bruschlinski, Wladimir (1979): Zur Geschichte der Entstehung und Veröffentlichung von Friedrich Engels' »Dialektik der Natur«, in: Marx-Engels-Jahrbuch 2, Berlin: 181-200

Burchardt, Hans-Jürgen (2005): »Die Wirtschaftspolitik des Bolivarianismo – Von der holländischen zur venezolanischen Krankheit?« in: Sevilla, Rafael/Boeckh, Andreas: »Venezuela: Die bolivarische Republik«, Bad Honnef: 173-189

Coase, Ronald H. (1960): The Problem of Social Cost, in: Journal of Law and Economics 3: 1-44

Crafts, Nicholas (2000): Globalization and Growth in the Twentieth Century. IMF Working Paper WP/00/44, Washington D.C.

Crosby, Alfred (1991). Die Früchte des weißen Mannes. Ökologischer Imperialismus 900-1900, Darmstadt

Crutzen, Paul (2002): Geology of mankind, in: nature, Vol. 415, January

Dales, John H. (1968): Pollution, property and prices. An essay in policy-making and economics, Toronto

Daly, Herman E. (1991): Steady-State Economics, 2nd edition, Washington D.C./Covelo

Dath, Dietmar (2014): Klassenkampf im Dunkeln. Zehn zeitgemäße sozialistische Übungen, Hamburg

Davis, Mike (2007): Planet der Slums. Berlin/Hamburg

Diamond, Jared (2006): Kollaps. Warum Gesellschaften überleben oder untergehen, Frankfurt a.M.

Dietz, Kristina/Wissen, Markus (2009): Kapitalismus und »natürliche« Grenzen. Eine kritische Diskussion ökomarxistischer Zugänge zur ökologischen Krise, in: PROKLA, Zeitschrift für kritische Sozialwissenschaft, 39. Jahrg., Nr. 3, September: 351-369

Dill, Hans-Otto (2013): Alexander von Humboldts Metaphysik der Erde. Seine Welt-, Denk- und Diskursstrukturen, Frankfurt a.M.

Döbert, Rainer (1989): Max Webers Handlungstheorie und die Ebenen des Rationalitätskomplexes, in: Weiß, Johannes (Hrsg.): Max Weber heute. Erträge und Probleme der Forschung, Frankfurt a.M.: 210-249

Dürr, Hans-Peter (2010): Geist, Kosmos und Physik. Gedanken über die Einheit des Lebens, Amerang

Ehrlich, Paul R./Ehrlich, Anne H. (2013): Can a collapse of global civilization be avoided?, in: Proceedings of the Royal Society, http://dx.doi.org/10.1098/rspb.2012.2845

Elbe, Ingo (2007): Die Beharrlichkeit des »Engelsismus«. Bemerkungen zum »Marx-Engels-Problem«, in: Marx-Engels-Jahrbuch 2007: 92-105

Emcke, Carolin/Uchatius, Wolfgang (2010): Der Schatz im Salzsee, in: Zeit Online, 25.5., www.zeit.de/2010/21/DOS-Lithium

Exner, Andreas/Fleissner, Peter/Kranzl, Lukas/Zittel, Werner (Hrsg.) (2011): Kämpfe um Land. Gutes Leben im post-fossilen Zeitalter, Wien

Fatheuer, Thomas (2014): Neue Ökonomie der Natur. Eine kritische Einführung, in: Heinrich-Böll-Stiftung (Hrsg.), Schriften zur Ökologie, Band 35, Berlin

Foster, John Bellamy (2010): Capitalism and Degrowth – An Impossibility Theorem, in: Monthly Review, Vol. 62, No 8, January, http://monthlyreview.org/110101foster.php

Galeano, Eduardo (1976): Die offenen Adern Lateinamerikas, Wuppertal

Georgescu-Roegen, Nicholas (1971): The Entropy Law and the Economic Process, (Harvard University Press) Cambridge (Mass.)/ London

Georgescu-Roegen, Nicholas (1975): Energy and Economic Myths, in: Southern Economic Journal. 41. No. 3, January

Georgescu-Roegen, Nicholas (1977): The Steady State and Ecological Salvation: A Thermodynamic Analysis, in: BioScience, Vol. 27, No. 4 1977: 266-270

Georgescu-Roegen, Nicholas (1979/1995): La décroissance. Entropie – Écologie – Économie, Paris

Georgescu-Roegen, Nicholas (1986): The Entropy Law and the Economic Process in Retrospect, in: Eastern Economic Journal, Vol. 8, No. 1, 1986: 3-25 (deutsch: Schriftenreihe des IÖW, 1987)

Görg, Christoph (2003): Regulation der Naturverhältnisse. Zu einer kritischen Theorie der ökologischen Krise, Münster

Greiff, Bodo von (1976): Gesellschaftsform und Erkenntnisform; Zum Zusammenhang von wissenschaftlicher Erfahrung und gesellschaftlicher Entwicklung, Frankfurt a.M.

Griese, Anneliese (1992): Ludwig Feuerbach und die naturwissenschaftlichen Studien von Karl Marx und Friedrich Engels, in: Beiträge zur Marx-Engels-Forschung, Neue Folge, Hamburg: 67-76

Grossmann, Henryk (1967, repr.): Das Akkumulations- und Zusammenbruchsgesetz des kapitalistischen Systems, Frankfurt a.M.

Gudynas, Eduardo (2012): O novo extrativismo progressista na América do Sul: teses sobre um velho problema sob novas exppressões, in: Léna, Philippe/Pinheiro, Elimar do Nascimento (Ed.): Enfrentando os limites do crescimento, (Garamond e IRD) Rio de Janeiro: 303-318

Gudynas, Eduardo (2013): Extracciónes, extractivismos y extrahecciónes. Un marco conceptual sobre la apropiación de recursos naturales, in: Centro Latino Americano de Ecologia Social, Observatorio del desarrollo, Nr. 18, Febrero

Hansen, J./Kharecha, P./Sato, M./ Masson-Delmotte, V./Ackerman, F. u.a. (2013): Assessing »Dangerous Climate Change«: Required Reduction of Carbon Emissions to Protect Young People, Future Generations and Nature. PloS ONE 8 (12): e81648. doi:10.1371/ journal.pone.0081648

Harrod, Roy (1958): The Possibility of Economic Satiety – Use of Economic Growth for Improving the Quality of Education and Leisure, in: Problems of United States Economic Development (Committee for Economic Development, Vol. I), New York: 207-213

Harvey, David (2003): The »New« Imperialism: Accumulation by Dispossession, in: Panitch, Leo/Leys, Colin (eds.): The New Imperial Challenge. Socialist Register, London: 63-87

Heinberg, Richard (2007): Peak Everything: Waking Up to the Century of Declines, Gabriola Island

Hobsbawm, Eric (1995): Das Zeitalter der Extreme. Weltgeschichte des 20. Jahrhunderts, München/Wien

Hörz, Helga/Hörz, Herbert (2013): Transhumanismus: Ist der zukünftige Mensch ein Avatar? (unveröffentlichtes Manuskript)

Hunt, Tristram (2013): Friedrich Engels. Der Mann, der den Marxismus erfand, Berlin

Jäckel, Peter (1993): Unterschiedliche philosophische Zugänge zu den Naturwissenschaften bei Lange, Dietzgen und Marx, Folge 2: Joseph Dietzgen, in: Beiträge zur Marx-Engels-Forschung, Neue Folge, Hamburg: 198-206

Kant, Immanuel (1795/1984): Zum ewigen Frieden. Ein philosophischer Entwurf, Stuttgart

Keynes, John Maynard (1936): Allgemeine Theorie der Beschäftigung, des Zinses und des Geldes, Berlin

Klein, Naomi (2015): Die Entscheidung: Kapitalismus vs. Klima, Frankfurt a.M.

Klingholz, Reiner (2014): Sklaven des Wachstums. Die Geschichte einer Befreiung, Frankfurt a.M./New York

Kornai, János (1986): The Soft Budget Constraint in: Kyklos, Vol. 39, Fasc. 1: 3-30

Krätke, Michael R. (2006): Das Marx-Engels-Problem: Warum Engels das Marxsche »Kapital« nicht verfälscht hat, in: Marx-Engels-Jahrbuch 2006: 142-170

Kromp-Kolb, Helga/Formayer, Herbert (2005): Schwarzbuch Klimawandel. Wie viel Zeit bleibt uns noch?, Salzburg

Krugman, Paul (1994): Competitiveness: A Dangerous Obsession, in: Foreign Affairs, March/April: 28-44

Kurzweil, Ray (2013): Menschheit 2.0. Die Singularität naht, Berlin

Lenin, W.I. (1908/1971): Materialismus und Empiriokritizismus, in: Lenin-Werke, Band 14, Berlin

List, Friedrich (1841/1982): Das nationale System der Politischen Ökonomie, Stuttgart/Tübingen (Nachdruck Berlin)

Lohmann, Larry (2006): Carry on pollution. Comment and analysis in New Scientist, 2. Dezember 2006 (www.thecornerhouse.org.uk)

Lotka, Alfred J. (1925): Elements of Physical Biology, Baltimore

Luhmann, Niklas (1986): Ökologische Kommunikation, Opladen

Lukács, Georg (1923): Geschichte und Klassenbewusstsein. Studien über marxistische Dialektik, Berlin

Luxemburg, Rosa (1913): Die Akkumulation des Kapitals. Ein Beitrag zur ökonomischen Erklärung des Imperialismus, in: Rosa Luxemburg: Gesammelte Werke, Band 5, Ökonomische Schriften, Berlin (DDR)

Maddison, Angus (2001): The World Economy: A Millennial Perspective, Paris (OECD)

Mahnkopf, Birgit (2013): Peak Everything – Peak Capitalism? Folgen der sozial-ökologischen Krise für die Dynamik des historischen Kapitalismus, Working Paper des Kollegs Postwachstumsgesellschaften an der Universität Jena, www.kolleg-postwachstum.de/sozwgmedia/dokumente/WorkingPaper/wp2_2013.pdf

Mahnkopf, Birgit (2014a): »Peak Capitalism«? Wachstumsgrenzen als Grenzen des Kapitalismus, in: WSI-Mittteilungen No. 7

Mahnkopf, Birgit (2014b): Das sozialökologische Weltsystem des Kapitalismus im Krieg gegen den Planeten, in: Weiss, Alexandra (Hrsg.), Die Krise verstehen – und politisch handeln, Wien

Malthus, Thomas (1827/1963): Definitions of Political Economy, New York

Mandel, Ernest (1983) Die langen Wellen im Kapitalismus. Eine marxistische Erklärung, Frankfurt a.M.

Mandeville, Bernard de (1702/1957): Die Bienenfabel, Berlin

Marcuse, Herbert (1974): Die Gesellschaftslehre des sowjetischen Marxismus, Darmstadt und Neuwied

McGlade, Christophe/Ekins, Paul (2015): The geographical distribution of fossil fuels unused when limiting global warming to 2°C, in: Nature 517, january: 187-190

Meadows, Dennis u.a. (1972): Die Grenzen des Wachstums – Bericht des Club of Rome zur Lage der Menschheit, Stuttgart

Mill, John Stuart (1848): The Principles of Political Economy; http://socserv.mcmaster.ca/econ/ugcm/3ll3/mill/prin/book4/bk4ch06

Moore, Jason W. (2003): The modern world-system as environmental history? Ecology and the rise of capitalism, in: Theory and Society 32 (3): 307-377

Moore, Jason W. (2007): Ecology and the Rise of Capitalism, PhD Dissertation, Department of Geography, University of California – Berkeley

Moore, Jason W. (2012): Crisis: Ecological or World-Ecological? in: Wiedemann, Caroline/Zehle, Soenke (Eds.), Depletion Design: A Glossary of Network Ecologies. Amsterdam: Institute of Network Cultures: 74ff.

Moore, Jason W. (2014): The Capitalocene. Part I: On the Nature & Origins of Our Ecological Crisis, (Manuscript); Part II: Abstract Social Nature and the Limits to Capital

Müller, Hans-Peter (1992): Karl Marx über Maschinerie, Kapital und industrielle Revolution. Exzerpte und Manuskriptentwürfe 1851-1861, Opladen

Piketty, Thomas (2014): Das Kapital im 21. Jahrhundert, München

Pannekoek, Anton (1934): Die Zusammenbruchstheorie des Kapitalismus,
in: Rätekommunist Nr. 1, Juni 1934, online: http://marxismus-online.eu/
archiv/klassiker/pannekoek_zusbruch.html

Polanyi, Karl (1978): The Great Transformation, Frankfurt a.M.

Ponting, Clive (1991): A Green History of the World: The Environment and
the Collapse of Great Civilizations, London

Prigogine, Ilya/Stengers, Isabelle (1986): Dialog mit der Natur, München/
Zürich

Rahmstorf, Stefan/Schellnhuber, Hans-Joachim (2007): Der Klimawandel.
Diagnose, Prognose, Therapie, München

Reichelt, Helmut (2008): Neue Marx-Lektüre. Zur Kritik sozialwissenschaft-
licher Logik, Hamburg

Ricardo, David (1817/1959): Über die Grundsätze der Politischen Ökonomie und der Besteuerung, Berlin

Rjazanov, David (1928/1971): Friedrich Engels' Dialektik und Natur, herausgegeben von D. Rjazanov. Einleitung des Herausgebers, in: Marx-En-
gels Archiv, Zeitschrift des Marx-Engels-Instituts in Moskau, Band II, (re-
print) Politladen Erlangen: 117ff.

Rockström, Johan u.a. (2009): Planetary Boundaries: Exploring the Safe Ope-
rating Space for Humanity, in: Ecology and Society 14 (2), www.ecolo-
gyandsociety.org/vol14/iss2/art32/

Rosdolsky, Roman (1968): Zur Entstehungsgeschichte des Marxschen »Kapital«. Der Rohentwurf des »Kapital« 1857-58, Frankfurt a.M./Wien

Schmieder, Falko (2008): Historischer Materialismus und Historische Epi-
stemologie: Friedrich Engels' Naturdialektik zwischen den wissenschaftlichen Revolutionen, in: Beiträge zur Marx-Engels-Forschung, Neue Folge
2008: Das Spätwerk von Friedrich Engels, Hamburg: 190-209

Schmidt, Alfred (1971): Der Begriff der Natur in der Lehre von Marx, Frankfurt a.M.

Schulz, Jan (2014): Natur als Kapital. Wie sich mit Inwertsetzung und Bi-
lanzierung von Ökosystemen ein neues Verständnis der Natur bildet, in:
WEED Hintergrundpapier, März

Schumpeter, Joseph A. (1908): Das Wesen und der Hauptinhalt der theoretischen Nationalökonomie, Leipzig/London

Schumpeter, Joseph A. (1951): Essays, Cambridge

Schwägerl, Christian (2012): Menschenzeit. Zerstören oder gestalten? Wie
wir heute die Welt von morgen erschaffen, München

Sieferle, Rolf Peter (1982). Der unterirdische Wald. Energiekrise und industrielle Revolution, München

Sieferle, Rolf Peter (1997): Rückblick auf die Natur. Eine Geschichte des
Menschen und seiner Umwelt, (Luchterhand) München

Sloterdijk, Peter (2011): Wie groß ist »groß«?, in: Crutzen, Paul u.a.: Das Raumschiff Erde hat keinen Notausgang, Berlin: 93-112

Smith, Neil (1984): Uneven Development: Nature, Capital and the Production of Space, Athens

Sohn-Rethel, Alfred (1970): Geistige und körperliche Arbeit. Zur Theorie gesellschaftlicher Synthesis, Frankfurt a.m.

Steffen, Will/Crutzen, Paul J./McNeill, John R. (2007): The Anthropocene: Are Humans Now Overwhelming the Great Forces of Nature?. In: Royal Swedish Academy of Scienes, Ambio Vol. 36, No. 8, December: 614-621

Svampa, Maristella (2012): Bergbau und Neo-Extraktivismus in Lateinamerika, in: FDCL (2012): Forschungs- und Dokumentationszentrum Chile-Lateinamerika: Der Neue Extraktivismus. Eine Debatte über die Grenzen des Rohstoffmodells in Lateinamerika, Berlin: 14-21

Svampa, Maristella (2013): »Consenso de los Commodities«y lenguajes de valoración en América Latina, in Nueva Sociedad No. 244, marzo-abril 2013: 30-46, www.nuso.org

Swyngedouw, Erik (2009): Immer Ärger mit der Natur: »Ökologie als neues Opium für's Volk«, in: PROKLA, Zeitschrift für kritische Sozialwissenschaft, 39. Jahrg., Nr. 3, September: 371-389

Swyngedouw, Eric (2013): »Apocalypse Now! Fear and doomsday pleasures.« In: Capitalism, Nature, Socialism 24: 9-18

Tainter, Joseph A. (1988): The collapse of complex societies, Cambridge

Tjaden, Karl-Hermann (1990): Mensch – Gesellschaftsformation – Biosphäre. Über die gesellschaftliche Dialektik des Verhältnisses von Mensch und Natur, Marburg

Tjaden, Karl-Hermann (2011): Schwachstellen in der gängigen Gesellschafts- und Wirtschaftswissenschaft. Barrieren und Chancen einer marxistischen Mensch-Umwelt-Theorie, in: Z. Zeitschrift Marxistische Erneuerung, Nr. 88

UNFCCC (2009): Report of the Conference of the Parties on its fifteenth session, held in Copenhagen from 7 to 19 December 2009; Part Two: Decisions adopted by the Conference of the Parties; http://unfccc.int/resource/docs/2009/cop15/eng/11a01.pdf

Varchmin, Joachim/Radkau, Joachim (1981): Kraft, Energie und Arbeit. Energie und Gesellschaft, Deutsches Museum. Kulturgeschichte der Naturwissenschaften und der Technik, Reinbek bei Hamburg

Virilio, Paul (2009): Der eigentliche Unfall, Wien

Wallerstein, Immanuel (2009): Crisis of the Capitalist System: Where Do We Go from Here? –The Harold Wolpe Lecture, University of KwaZulu-Natal, 5 November 2009; http://mrzine.monthlyreview.org/

Weber, Max (2010): Die protestantische Ethik und der Geist des Kapitalismus. Vollständige Ausgabe, München (zuerst erschienen in: Archiv für Sozialwissenschaft und Sozialpolitik 20/1904 und 21/1905)

VSA: Spurensuche & Alternativen

Ulrich Brand
**Post-Wachstum
und Gegen-Hegemonie**
Klimastreiks und Alternativen zur
imperialen Lebensweise
Mit einem Beitrag zur Corona-Krise
256 Seiten I € 16.80
ISBN 978-3-96488-027-7
Eine auf Post-Wachstum gegründete
Perspektive gegen die imperiale
Lebensweise muss (Rahmen-)Be-
dingungen für ein Gutes Leben für alle,
weltweit, schaffen.

Reiner Rhefus
Friedrich Engels im Wuppertal
Auf den Spuren des Denkers, Machers
und Revolutionärs im »deutschen
Manchester«
184 Seiten I in Farbe I Hardcover I
zahlreiche Fotos I € 16.80
ISBN 978-3-96488-065-9
Die Leser*innen können mit den Augen
Friedrich Engels' durch Wuppertal
gehen und zugleich einen Blick werfen
auf sein Werk und sein Wirken – als
Mitstreiter von Karl Marx, aber eben
auch als Journalist, Literaturkritiker,
Militärexperte, Geschäftspartner und
anteilnehmender Verwandter im fernen
England.

Prospekte anfordern!

VSA: Verlag
St. Georgs Kirchhof 6
20099 Hamburg
Tel. 040/28 09 52 77-10
Fax 040/28 09 52 77-50
Mail: info@vsa-verlag.de

www.vsa-verlag.de

VSA: Marx & Engels neu entdecken

Elmar Altvater

Marx neu entdecken

Das hellblaue Bändchen zur Einführung in die Kritik der Politischen Ökonomie

144 Seiten | € 9.00

ISBN 978-3-89965-499-8

»Das hellblaue Bändchen« möchte Begleiter dabei sein, die »Blauen Bände« von Karl Marx und Friedrich Engels neu zu entdecken.

Prospekte anfordern!

VSA: Verlag
St. Georgs Kirchhof 6
20099 Hamburg
Tel. 040/28 09 52 77-10
Fax 040/28 09 52 77-50
Mail: info@vsa-verlag.de

Elmar Altvater, Joachim Bischoff, Michael Brie, Georg Fülberth, Eike Kopf, Thomas Kuczynski, Marcel van der Linden

»Die Natur ist die Probe auf die Dialektik«

Friedrich Engels kennenlernen

184 Seiten | € 14.80

ISBN 978-3-96488-054-3

Seine Geburtsstadt vermarktet Friedrich Engels' 200. Geburtstag am 28. November 2020 unter dem Slogan »Denker, Macher, Wuppertaler«. Doch die Bedeutung des Revolutionärs reicht erheblich weiter. Grund genug, seine Anregungen für die Bewegungen kennenzulernen, die heute für soziale Emanzipation und für die Rettung des Lebens auf dem Planeten streiten.

www.vsa-verlag.de